Dogilli

Eine tierische Geschäftsidee

Für Maverik,

den stursten, schönsten Hund!

Mein Krafttier!

Dogilli

Eine tierische Geschäftsidee

Ilka Sommer

1. Auflage
Erstausgabe September 2017

Ilka Sommer, Mörtelsstraße 60a, 47929 Grefrath

Herausgeber: Ilka Sommer
Covergestaltung: Bernd Sommer
Logo: Gestaltung Ilka Sommer mit Fotolia #86983318
Illustration Widmung: Tuula Schneider,
www.tuulagrafik.de
Lektorat: A.E. Eiserlo
Korrektorat: Angela Heger-Bischof, Silke Novotny

ISBN-13: 978-3-9819130-1-9

Dieses Buch ist auch als E-Book mit der
ISBN-13: 978-3-9819130-2-6 erhältlich.

Inhalt

Über die Autorin

Ilka Sommer wurde 1971 in Orsoy geboren. Sie lebt mit ihrem Mann, zwei Töchtern und einem Labrador im ländlichen Grefrath.

Die ersten 25 Jahre ihrer Berufstätigkeit widmete sie den Zahlen und arbeitete als Bankerin in der Beratung und Buchhaltung. Durch eine Umstrukturierung verlor Ilka Sommer ihren Job, nutzte diese Wendung als Chance und erfüllte sich einen Traum mit der Eröffnung ihrer privaten Hundepension *Dogilli* in 2016.

Die Erlebnisse mit den Fellnasen in der neu gegründeten Hundepension sowie den bürokratischen Hürdenlauf für die Genehmigung des Gewerbes hielt sie in Form eines Tagesbuches fest.

Ende des Jahres 2013 kam sie zufällig dazu, das Erstlingswerk der Autorin A.E. Eiserlo zu lesen. In enger Zusammenarbeit begleitet sie seitdem als Lektorin die Fantasy-Reihe *Fanrea*.

Durch das Lektorieren fand Ilka Sommer den Weg zum Schreiben und verfasste Kurzgeschichten in verschiedensten Genre. Einige davon wurden bereits von der Facebook Schreibgruppe-Prosa veröffentlicht.

Mehr über die Autorin:
https://www.facebook.com/ilka.sommer.756
https://ilka-sommer.jimdo.com/

Wenn Sie sich ein besseres Bild von den Hunden machen wollen, besuchen Sie meine Homepage: www.dogilli.de. Dort finden Sie in der Galerie Schnappschüsse und ein Kurzportrait fast aller Fellnasen, über die in diesem Buch geschrieben wird.

Vorwort

Verspüren Sie auch tief im Inneren den Wunsch, etwas anderes in Ihrem Leben zu machen, bringen aber nicht den Mut auf, dies mit aller Kraft anzugehen und umzusetzen? Sie machen sich noch nicht einmal ernsthaft Gedanken über das Vorhaben, weil es utopisch und zu unrealistisch scheint?

Ich träumte von einer Hundepension! Einer großen, auf einem wunderschönen, weitläufigen Grundstück, mit Naturwiese, Obstbäumen und einem See für heiße Tage. Am besten noch ein Stückchen Wald, in dem die Hunde nach Herzenslust rennen, toben und spielen können.

Was habe ich? Eine Doppelhaushälfte in einem ländlichen Teil von NRW auf einem 378 qm großen Grundstück, einen Mann namens Bernd, zwei Kinder, Nina und Marie, und einen schokobraunen Labrador Kimba.

Schon in ganz jungen Jahren stand auf meinem weihnachtlichen Wunschzettel ein Punkt ganz oben: ein Hund. Ich liebe Hunde! Ziemlich alle, egal welche Rasse. Ihre bedingungslose Treue zum Menschen fasziniert mich. Die Hunde interessiert es nicht, ob man morgens muffelig oder frisch geduscht ist, viel Geld besitzt oder eine gute Bildung. Alles egal! Für sie muss man sich nicht verbiegen, sondern kann sein, wie man ist.

Meinem Traum wäre ich keinen Millimeter nähergekommen, wenn eine berufliche Wendung mich nicht zum Umdenken gezwungen hätte. Anfang 2015 eröffnete mir mein Arbeitgeber, dass der komplette Standort der Buchhaltung geschlossen und aus Kostengründen in den Osten verlegt wird. Diese Ankündigung riss mir den Boden unter den Füßen weg. Was? Nach 25 Jahren loyaler, fleißiger Mitarbeit wurde ich zu teuer? War eine Investition in meine

Arbeitskraft nicht mehr lohnenswert? Konnte ein x-beliebiger, neu angeworbener Mitarbeiter meinen Job genauso gut ausüben wie ich mit meiner langjährigen Erfahrung?

Zuerst fiel ich in ein tiefes Loch, zeterte und wütete gegen diese Ungerechtigkeit, verweigerte die Arbeit, um zu demonstrieren, wie unersetzlich ich war. Doch die Erde drehte sich weiter, die Bank wankte kein Stück und ich musste akzeptieren, dass ich ein winzig kleines Rädchen im Getriebe darstellte. Beliebig austauschbar, nur eine Personalnummer!

Nach einigen Monaten der Verzweiflung änderte ich den Blickwinkel und versuchte, diesen Einschnitt im Leben als Chance zu sehen. Was wollte ich schon immer beruflich machen? Wofür würde ich mit absoluter Leidenschaft brennen und jeden Morgen gerne aufstehen? Das hatte ich mich in den letzten Jahren fast nie gefragt. Zu bequem war das Gefühl der Sicherheit, dass das Gehalt Mitte des Monats pünktlich auf dem Konto auftauchte und Rentenkasse sowie Krankenversicherung bedient wurden.

Aber tief im Inneren wusste ich, wonach mein Herz sich sehnte. Nach einer Hundepension! Da mein Traum sich nicht im großen Umfang realisieren ließ, wagte ich in der Mitte des Lebens einen kleinen Schritt in Richtung Wunscherfüllung!

*

Das Buch soll Mut machen, Fehler einzugestehen, Grenzen zu setzen und diese zu behaupten. Neue Wege zu beschreiten, aus dem System auszubrechen, sich treu zu bleiben. Vor allen Dingen zu lachen, wenn man eigentlich weinen möchte – und niemals aufzugeben!

Begleiten Sie mich durch Höhen und Tiefen während der Eröffnung meiner Hundepension. Schlagen Sie mit mir gemeinsam die Hände überm Kopf zusammen, beim Kampf mit der deutschen Bürokratie. Lachen Sie über lustige, skurrile und oft nervenaufreibende Begegnungen mit Hunden der verschiedensten Rassen sowie deren Haltern.

Jeder große Traum fängt klein an. Jeder!

Dezember 2015

Am 07.12.2015 wagte ich den ersten Schritt raus aus meinem Leben als fleißige Angestellte, rein ins Abenteuer der Selbständigkeit, wenn auch zunächst als Nebengewerbe. Meine Reise ins unbekannte Land begann mit dem Besuch des örtlichen Gewerbeamtes, um die Hundepension offiziell anzumelden. Die Formalitäten gestalteten sich überraschend komplikationslos.

Die Dame, die für Gewerbeanmeldungen zuständig war, hatte die Sparte Tiere erst vor Kurzem übernommen, meinte aber: »Wissen Sie, dass ist ein ziemlich kleines Gewerbe. Wenn Sie zu Ihrem eigenen Hund noch zwei Hunde aufnehmen wollen, ist das keine große Sache. Da brauchen Sie sich um nichts weiter zu kümmern. Das Finanzamt wird automatisch von uns informiert. Ich gebe Ihnen einen Meldebogen mit, den Sie ausfüllen und dort einreichen müssen.« Sie drückte mehrere Stempel auf einen frisch ausgedruckten Gewerbeschein und übergab mir einen braunen Umschlag fürs Finanzamt.

Innerhalb einer halben Stunde durfte ich mich nach Zahlung einer Gebühr in Höhe von 20,00 Euro Jungunternehmerin eines Kleinstgewerbes nennen. Tat gar nicht weh! Im Gegenteil – ich hätte platzen können vor Stolz!

*

Direkt am nächsten Tag rief ich beim Finanzamt an. Nach kurzer Erläuterung meines gewerblichen Vorhabens erkundigte ich mich: »Ich habe gestern das Gewerbe angemeldet und zwei Fragen: Bekomme ich eine eigene Steuernummer und wie sieht eine korrekte Rechnung aus?«

Die Dame am Telefon nahm mich nicht ernst. »Sie haben gestern das Gewerbe angemeldet und melden sich heute schon bei uns? Auf den ersten Blick klingt Ihr Vorhaben für mich allerdings sehr nach Liebhaberei, einem Verlustgeschäft. Wie wollen Sie damit Geld verdienen?«

Mein Stirnrunzeln konnte sie nicht sehen. »Natürlich ist das Liebhaberei, was denn sonst? Das mache ich nur aus Liebe zu Hunden. Dass ich damit nicht reich werde, ist mir klar!« Da erst wurde mir bewusst, dass eine Finanzbeamtin die Eröffnung meines Gewerbes aus einer anderen Perspektive betrachtete. Sie dachte wahrscheinlich, das Gewerbe würde nur eröffnet, um Kosten für Telefon, Computer, Auto oder Arbeitszimmer abzusetzen.

Sofort griff sie meinen gedachten Gedanken auf: »Wenn Sie Kosten geltend machen und keinerlei Gewinn ausweisen, dann verlangt das Finanzamt spätestens nach fünf Jahren einen Businessplan. Darin muss eine Rentabilitätsrechnung belegen, dass Sie grundsätzlich eine Gewinnerzielungsabsicht hegen!«

Was ist ein Businessplan? Klang das nicht ziemlich aufgeplustert für mein kleines Vorhaben? Ich versuchte, die Relationen zu verdeutlichen: »Ich sehe bei der Geschäftsidee kaum Kosten auf mich zukommen. Ein bisschen Spielzeug, ein paar Leckerlis, vielleicht belege ich einige Seminare. Auf der anderen Seite bringen Hundebesitzer ihren Vierbeiner zu mir nach Hause. Wenn sie ihn wieder abholen, erhalte ich die Bezahlung – ein reines Dienstleistungsgewerbe. Warum sollte ich damit keinen Gewinn erzielen?« Na, das werden wir ja sehen! Meine Pension wird einschlagen wie eine Bombe! Von wegen Verlustgeschäft!

Sie schien nicht vollkommen überzeugt und beendete das Telefonat mit folgendem Hinweis: »Sie bekommen einen Meldebogen von uns zugeschickt. Den müssen Sie bitte ausfüllen und zurücksenden! Danach wird entschieden, ob Sie eine eigene Steuernummer erhalten.«

Okay, dann legte ich den braunen Umschlag vom Gewerbeamt zum Thema Steuern vorerst zur Seite und harrte der Dinge, die da kämen.

*

Bei *ebay Kleinanzeigen* durchstöberte ich die Rubrik Haustiere – Tierbetreuung. Dabei fiel mein Blick auf eine Anzeige, in der eine Betreuung für einen schwarzen Labrador gesucht wurde. Das klang perfekt für den Anfang! Ich musste die Interessenten ansprechen, von allein fänden diese nicht den Weg zu mir. Aufgeregt verfasste ich eine Minibewerbung für meine Pension.

Kurze Zeit später erhielt ich – eine Absage: »Sie klingen zwar sehr sympathisch, aber ich habe jemand anderen in meiner näheren Umgebung gefunden.«

War ja klar! Das wäre auch zu schön gewesen, wenn der erste Versuch direkt geklappt hätte. Ein wenig enttäuscht, aber kein bisschen gebremst in meinem Enthusiasmus, startete ich eine Anzeige unter der Rubrik »Biete«. Es erreichten mich einige Anfragen, aber so richtig wollten die Hundehalter nicht anbeißen. Vielleicht war der Preis zu hoch?

Während Zweifel aufkamen, erhielt ich eine Nachricht des ersten Interessenten: »Mein Hundesitter in der Nähe hat abgesagt. Ich würde gerne mit meinem Hund zu einem Treffen zu Ihnen kommen.« Peng! Da war er, der erste positive Kundenkontakt!

Ich wollte mich wirklich mit einem wildfremden Menschen treffen! Dabei war das genau das, wovor ich meine Töchter warnte: »Triff dich nicht mit einem Fremden! Du weißt nie, was er wirklich plant.« Aber ich wäre schließlich nicht allein! Ich hätte meinen Labrador Kimba dabei. Na, dann konnte nichts mehr schiefgehen!

*

Zwei Tage später stand ich mit weichen Knien vor meiner Haustür und erwartete den potentiellen Kunden. Dieser entpuppte sich als junger Mann mit dunkler Lederjacke, Baseball-Kappe und Tunnelohrringen. Im Dunklen hätte ich vor ihm ein wenig Angst bekommen, allerdings bin ich nicht die Mutigste. Begleitet wurde er von einem vollkommen aufgeregten, hibbeligen, kohlrabenschwarzen Labrador: Duncan.

Direkt an mein Haus angrenzend befinden sich weitläufige Felder, die durch kleine Waldstücke unterbrochen werden. Diese nutzten wir für einen gemeinsamen Spaziergang. Das anfängliche Gekläff an der Leine erstarb, als wir die Hunde ableinten und sie sich gegenseitig beschnuppern konnten. Mein Kimba ist glücklicherweise sehr sozial und verträglich. Die Fellnasen verstanden sich auf Anhieb und stürmten zusammen über die Felder.

Wir Zweibeiner fanden Zeit für ein erstes Gespräch. Duncans Herrchen überraschte mich. Sah er nach außen hin aus wie ein harter Kerl, ging er mit dem Hund sehr einfühlsam um. Über Erziehungsfragen hatte er sich reiflich Gedanken gemacht. »Damit ich eine gute Verbindung zu Duncan aufbaue, füttere ich ihn ausschließlich aus diesem Futterbeutel.« Er hielt mir einen ledernen, angesabberten Sack, der an einer stabilen Schnur hing, vor die Nase.

Sofort war sein treuer Vierbeiner zur Stelle und ließ den baumelnden Beutel mit keinem Blick aus den Augen.

»Zum einen macht das meine Stellung in der Mensch-Hund-Beziehung deutlich. Ich bin Herrscher über das Wichtigste für Duncan: das Futter! Zum anderen lässt er sich damit prima zurückrufen, wenn er ohne Leine läuft«, erklärte der Hundebesitzer weiter.

Mit der Gier nach Futter kenne ich mich als Besitzerin eines verfressenen Labradors bestens aus. »Okay, dann zeig mir mal, wie ihr das macht!«

Während der Zweibeiner den Beutel an der Leine hin und her schwang, starrten zwei braune Augenpaare wie hypnotisiert auf die Beute. In hohem Bogen flog das Objekt der Begierde ins Feld.

Auf ein »Apport Beutel!« sauste Duncan wie der geölte Blitz hinter dem Flugobjekt her. Kimba startete mit etlicher Verzögerung. In Sekundenschnelle stand Duncan wieder vor uns, die Trophäe zwischen den Zähnen.

Duncan erhält nur englische Befehle, weil im Deutschen einige Kommandos wie »Sitz!«, »Platz!« und »Aus!« zu ähnlich klingen. By für Hier. Down für Platz. Nu für Nein. Deshalb erfolgte ein: »Duncan, Nu!« Der prima erzogene Hund spuckte den Beutel in die Hand des Herrchens. Dann kam das für den Labrador schönste Geräusch – das Ratschen des Reißverschlusses. Wie auf Kommando begannen dünne Sabberfäden aus Duncans Maul zu tropfen. Kimba sabberte aus lauter Kameradschaft gleich mit. Erst auf das Kommando »Duncan, Go!« wurde das Futter freigegeben, und Duncan schnappte, so viel er ergattern konnte. Das Kauen hielt er für überflüssig und schluckte die Brocken einfach komplett hinunter.

Auch das kannte ich von Kimba. »Muss ich probieren!«, rief ich begeistert. »Achtung! Frau wirft!« Zum Glück konnte außer einem einsamen Telefonmast nichts um uns herum ernsthaft gefährdet werden. In einem nicht sehr eleganten Bogen flog der Beutel erneut ins Feld.

Duncan und Kimba, der den Dreh schnell abgeguckt hatte, rannten wie zwei fellbezogene Torpedos hinterher. Natürlich kam der schwarze Labrador als erster an und apportierte den Beutel voller Stolz zurück zu mir.

Nach unserem Spaziergang unterhielten wir uns im Wohnzimmer bei einer Tasse Kaffee. Ich erfuhr, dass Duncans Herrchen Mitglied der deutschen Metal-Rockband *BRDigung* ist und mit der Band durch ganz Deutschland tourt. Ich höre gerne Musik, aber von der Gruppe hatte ich vorher noch nie gehört. Auf *WDR2* oder *Welle Niederrhein* wird deren Musik nicht gespielt. Nicht meine Wellenlänge. Aber egal – jemanden aus einer Rock-Band zu kennen, ist cool! Zudem ist er hauptberuflich Erzieher und arbeitet in einem Heim für schwer erziehbare Kinder. Dort absolvierte er zweimal die Woche 24-Stunden-Dienste. In dieser Zeit sollte ich auf Duncan aufpassen.

Als mein Gast seine Jacke ablegte, präsentierte er eine stattliche Anzahl von Tattoos auf den Unterarmen.

Meine elfjährige Tochter Marie staunte und fragte zaghaft: »Was ist das? Ein Kopf? Wofür sind da so viele Sterne drumherum?«

Der junge Mann ließ sich von Maries Fragen nicht aus der Ruhe bringen und erklärte lachend: »Der Rinderschädel ist das Symbol für *Wacken*. Ich lasse mir jedes Mal, wenn ich auf dem Festival bin, einen Stern stechen.«

Sofort fing Marie an zu zählen und staunte: »Das sind ja elf Stück!«

»Was, nur elf?« Jetzt wunderte sich der Rocker. »Ich war schon dreizehnmal dort, das muss ich dringend aktualisieren!«

Marie war schwer beeindruckt. »Was ist *Wacken*?«, kam die nächste Frage wie aus der Pistole geschossen.

»In *Wacken* findet jedes Jahr eines der größten Metal-Open Air-Festivals der Welt statt. Da fahr ich immer mit einem Haufen Freunde hin, wir zelten, trinken Bier und feiern.«

Als ich Maries blitzende Augen sah, stöhnte ich leise. Ich sah sie bereits mit ihm davonziehen.

»Was ist Metal?«, ging die Fragerei weiter.

Es wurde eine etwas ausgedehntere Kaffeerunde. Am Ende war Duncans Herrchen total begeistert von mir und meiner wissbegierigen Tochter. Ich erhielt die Zusage, sein zukünftiger Hundesitter zu sein. Mein erster Kunde! Und *Wacken* bekam einen neuen kleinen Fan!

*

Die Zeit vor Weihnachten verbrachte ich nicht in der Küche beim Plätzchen backen, sondern mit rauchendem Kopf am Computer. Eine eigene Webseite musste her, Flyer und ein Logo. Die Welt sollte erfahren, dass im Jahr 2016 die zwar kleinste, aber beste Hundepension eröffnete.

Aber zu allererst, ein Name! Tja, das mit der Namensfindung hatte bei meinen beiden Töchtern jeweils fast acht Monate gedauert. Zum Glück waren die beiden inzwischen im Teenageralter, sodass ich sie in die Namensfindung miteinbinden konnte. Es sollte etwas mit Hund sein, mit dem Wort Pension oder meinem Namen. Bei einer Familiensitzung schlug ich vor: »Illi's Hundepension.«

»Da denkt jeder, das wäre ein Barbie-Event«, kam sofort das Veto meiner Ältesten.

»Maverik's Hundeparadies«, war mein zweiter Vorschlag.

»Ach, Mama! Maverik ist schon ein Jahr tot. Was soll denn Kimba dazu sagen, wenn er nicht genannt wird?«

Als wollte mein schokobrauner Labrador dies bestätigen, warf er mir einen vernichtenden Blick zu.

»Okay, dann Ilka's Hundeparadies«, warf ich hoffnungsvoll in die Runde.

Meine jüngste Tochter schüttelte heftig den Kopf. »Das klingt wie das Tier-Paradies bei uns um die Ecke.«

Dieses große Hunde- und Katzenhotel schaute ich mir vor einigen Jahren an. Ich kam allerdings schnell zu der

Entscheidung, dass meine Pension so nicht aussehen sollte. Gitter an Gitter lebten die Hunde dort in einzelnen Hütten, in die sie sich zurückziehen konnten. Die Vierbeiner sahen und hörten ständig die anderen Hundegäste, kamen jedoch an diese nicht heran. Wenn der Wind ungünstig stand, hörte ich das Gebelle aus der Pension bis zu mir nach Hause. Mit einer familiären Betreuung konnte man das nicht vergleichen!

»Okay! Das geht nicht. Schatz, was sagst du?«, versuchte ich, meinen Mann in die Diskussion miteinzubeziehen.

»*Dog-Holiday* fänd ich prima. Da kommt das Wort *Hund* drin vor und es hat was mit *Urlaub* zu tun.« Bernd gefiel sein Vorschlag. »Außerdem liebe ich Wild-West-Filme!«

Ich brauchte ein paar Sekunden, um dieses Wortspiel zu enträtseln. »Was Englisches? Meinst du denn, das verstehen alle?«

»Na, so viel Englisch werden die Leute können. Außerdem klingt das viel internationaler. Wenn du als weltoffenes Unternehmen agieren willst, solltest du einen englischen Namen wählen!«

Der Wortwitz mit der Anspielung auf den Westernhelden gefiel mir, auch die Internationalisierung klang überzeugend. Von meinen Töchtern kam kein Widerspruch. Also googelte ich, ob dieser Name bereits vergeben war und stieß auf eine Firma in Amerika sowie eine Hundepension in Süddeutschland. Da ich in beiden Fällen keine Berührungspunkte mit meiner kleinen Pension sah, entschied ich mich für: *Dog-Holiday*! Allerdings vergaß ich bei der Recherche eine wichtige Sache: das Deutschen Marken- und Patentamt; kurz DPMA! Dieser Fehler sollte mir in wenigen Monaten das Leben zur Hölle machen, aber dazu komme ich später.

Der Name stand! Jetzt das Logo! Nichts Rätselhaftes! Meine zukünftigen Kunden sollten aufs Logo schauen und wissen, was sie erwartete. Schnell fand ich den Scherenschnitt eines Labradorkopfes bei *Fotolia*. Dann ging es ans Ausschmücken. Ein Haus mit Hundestapfen oder lieber Herzchen oder beides? Ich probierte zig Varianten eines zukünftigen Logos mit Hilfe von *Gimp* sowie gefühlten 5.395 *YouTube* Videos. Zum Schluss entschied ich, auf den Schnickschnack zu verzichten und den Kopf allein stehen zu lassen.

Als nächstes brauchte ich eine Internetseite. Dazu besuchte ich die Seiten anderer Hundepensionen, verglich deren Aufmachungen und erstellte eine Liste, was mich als Kunde ansprach: Wer betreut meinen Hund? Wo? Was kostet das? Wie sieht es da aus? Was sagen andere Gäste?

Da ich gerne Dinge selbst in die Hand nehme und keine Lust verspürte, einem Webseiten-Profi meine Vorstellungen zu erklären, entschied ich, auch das allein zu machen. Von mehreren Stellen wurde mir *jimdo* empfohlen. Nach einigen Tests stand dieses Baukastensystem für mich fest. Ich studierte die nächsten 3.492 *YouTube* Videos und nach einer Woche besaß ich eine ansehnliche Homepage. Aufgrund vieler Ideen sowie Kritiken von Freunden verbesserte ich die Seite kontinuierlich. Es begeisterte mich, wie einfach man einen Kalender einfügen konnte, den Standort oder ein Kontaktformular.

*

Damit meine zukünftigen Besucher die Homepage fanden, musste Werbung her. Das ging am einfachsten über Flyer, die über *Flyeralarm* relativ einfach nach meinen Wünschen gestaltet wurden. Damit diese schön präsentiert werden konnten, bestellte ich direkt passende Acrylständer dazu. Mir gefiel es total gut. Jetzt musste ich diese an taktisch günstigen Stellen der näheren Umgebung auslegen. Das kostete mich allerdings einiges an Überwindung, da ich nicht selbstbewusst bin. Auf fremde Menschen zuzugehen fällt mir schwer. Aber jetzt ging es um meine eigene Firma und deshalb gab es keine Ausflüchte.

Also fing ich eines Sonntagsmorgens bei unserem Dorfbäcker an. Zuerst kaufte ich eine gut gefüllte Tüte Brötchen. Dann suchte ich den Blickkontakt und wagte mit zittriger Stimme zu fragen: »Ich habe hier in der Nähe eine kleine private Hundepension eröffnet. Bestände eventuell die Möglichkeit, dass ich bei Ihnen ein paar Flyer hinterlegen dürfte?«

Der Inhaber kam mit forschem Schritt um den Tresen herum und ergriff einen Flyer. »Das ist deine Firma? Das machst du? Du betreust Hunde?«

Ich nickte zaghaft und zog aus einem Beutel den passenden Acrylständer heraus. »Die Flyer sähen vielleicht besser aus, wenn sie in einem Ständer ausgestellt werden. Außerdem fliegen sie dann nicht auf Ihrer Ablage herum«, versuchte ich ihm mein Anliegen schmackhaft zu machen.

»Das ist kein Problem! Lass ruhig ein paar Flyer da! Ich stell sie direkt hierhin.« Er positionierte den Ständer direkt neben seinem Sonderangebotsschild. Dort sprangen sie jedem sofort ins Auge.

»Vielen lieben Dank! Bis Morgen!«, zwitscherte ich gut gelaunt und ging beschwingt nach Hause. Hatte ja super geklappt!

*

Nächster Versuch: der örtliche Tierarzt. Der Besuch kostete mich noch mehr Überwindung, weil ich noch nie dort gewesen war. Nicht, weil meine Hunde nie kränkelten, sondern weil meine Cousine Petra Tierärztin mit einer eigenen Praxis in Geldern ist. Ihr vertraue ich zu hundert Prozent. Aber auch hier vor Ort reagierte die Dame am Empfangsschalter sehr positiv auf meine Anfrage und stellte einen Ständer samt Flyern ins Wartezimmer. Perfekt!

Der Aushang für *Rewe* bekam eine spezielle Bearbeitung. Neben den grundsätzlichen Informationen zu meiner Pension musste seitlich mehrmals meine Telefonnummer gedruckt werden, damit Interessenten diese abreißen und mitnehmen konnten. Auch in diesem Geschäft wurde meine Anfrage freundlich aufgenommen. Die Kassiererin lieh mir sogar Tesafilm, damit der Zettel an einem großen Aushang geheftet werden konnte.

So verbreitete sich die Information über die Existenz meiner Hundepension über unser kleines Dorf.

*

Da das Wort *Vertrag* bekanntlich von *vertragen* kommt, musste jetzt noch ein Hundebetreuungsvertrag her. Also durchforstete ich erneut das allwissende Internet und fand viele verschiedene Vorlagen. Aus den jeweiligen Punkten baute ich mir einen individuellen Vertrag zusammen. Platzierte noch mein nigelnagelneues Logo in der linken Ecke, fügte alles auf der Homepage ein und hatte wieder etwas geschafft!

*

Wer einen Hund besitzt, oder in der Nähe eines Vierbeiners wohnt, kennt die Schattenseiten: zerkaute Schuhe, verschleppte Fernbedienungen, angeknabberte Tischbeine, zerstörte Fliegengittertüren. Diese Liste lässt sich nach Belieben verlängern. Um für diese Fälle gewappnet zu sein, erkundigte ich mich nach der passenden Versicherung für das Gewerbe und schloss online, bei *tierversicherung.biz*, eine Betriebshaftpflichtversicherung-Tierpension ab. Falls sich zwei potente Rüden um die Gunst eines Weibchens streiten sollten. Oder ein Hund dem Hasen folgte, der die Straßenverkehrsordnung missachtete und die Landstraße überquerte, ohne vorher nach links und rechts zu gucken. Sicher ist sicher!

Erkenntnisse des Monats:

- Es fühlt sich toll an, den eigenen Schweinehund zu besiegen.
- Man wächst an seinen Herausforderungen.
- Zu einer Geschäftseröffnung gehört viel mehr als eine zündende Idee. Als Gründungsneuling muss man sich auch den Kopf darüber zerbrechen, was der Kunde will und vor allen Dingen, wie man ihn erreicht. Welche Versicherung wird benötigt? Fremde Bild- und Namensrechte müssen beachtet werden.
- Vor der Praxis kommt haufenweise Theorie.
- Nichts verkauft sich ohne Marketing!

Januar 2016

Das Jahr war gerade eine Woche alt, und schon erwartete meine Pension den ersten Gasthund: Duncan. Aufgeregt überlegte ich, was alles schiefgehen könnte. Ob sich der schwarze Labrador in der fremden Umgebung wohlfühlte? Wird er jaulen, vor Kummer nicht fressen oder überhaupt auf mich hören? Wie zum Henker kam ich nur auf die Schnapsidee, eine Hundepension zu eröffnen? Meine aufsteigende Panik versuchte ich mit Beruhigungstee sowie Atemübungen im Zaum zu halten. Die zweite Reiki-Lebensregel lautet: Gerade heute – sorge dich nicht! Ha! Das ist viel leichter gesagt als getan. Da habe ich noch einen weiten Weg vor mir!

Eine kurze Erläuterung für diejenigen, die Reiki nicht kennen. Alles in uns und um uns herum besteht aus Energie. Reiki kommt ursprünglich aus Japan, ist ein esoterisches Konzept, bei dem durch Handauflegen eine Arbeit mit dieser Energie stattfindet, um die körpereigenen Abwehrkräfte zu aktivieren. Dabei sollen Körper, Geist und Seele wieder ins Gleichgewicht gebracht werden. Es ist eine sehr friedvolle und liebevolle Tätigkeit ähnlich einer Meditation. Mir hilft es, im vollgestopften Alltag zu mir zu finden und zur Ruhe zu kommen. Tiere sind übrigens sehr empfänglich für Reiki, im Gegensatz zum Zweibeiner, der sich diese Energiearbeit in unserer vom Verstand regierten Welt schlecht vorstellen kann. Reiki kann man schwer beschreiben, man muss es selbst erleben!

Mein Gedankenkarussell wurde durch ein Klingeln an der Tür gestoppt. Duncan stand vor der Tür! Kaum hatte ich diese geöffnet, fegte der Wirbelwind inklusive Leine durch Flur und Wohnzimmer. Er schien mindestens so aufgeregt zu sein wie ich.

Sein Herrchen wirkte ziemlich entspannt, als er mir Duncans Futterbeutel in die Hand drückte. »Viel Spaß mit dem Chaoten! Bis morgen früh!«, rief er und verschwand.

Der hyperaktive, vollkommen aufgedrehte Labrador sprang wie ein Gummiball zwischen Kimba und mir hin und her. Zack, fegte er mit seinem Otterschwanz die erste Fernbedienung vom Couchtisch. Die zweite konnte ich gerade noch auffangen. Hilfe! Wie konnte man das stoppen? Erst einmal raus zu einem Spaziergang. Diese überschüssige Energie gestaltete sonst meine Wohnung um!

Zum Glück konnte mein Mann mich begleiten, sodass er unseren Kimba an der Leine führte, während ich mich auf Duncan konzentrierte. Meine Herren, war das ein unruhiger Kerl! Er zog und zerrte wie ein Irrer an der Leine und wollte überall gleichzeitig schnuppern. Währenddessen schlenderte Bernd mit Kimba an einer perfekt durchhängenden Leine fröhlich summend neben mir her. Vier Jahre konsequentes Leinentraining zahlten sich jetzt aus!

Im Feld leinten wir beide Hunde ab, und ich lockerte erst einmal die verkrampften Arme.

Ohne Leine zeigte sich Duncan viel handzahmer. Er schnüffelte zwar immer noch aufgeregt herum, lief aber nicht zu weit vor und verlor mich nicht aus dem Blick. Wie sein Herrchen es mir gezeigt hatte, übte ich mit dem schwarzen Labrador das Apportieren. Das funktionierte einwandfrei, bis ich mit den ungewohnten englischen Kommandos durcheinanderkam: »Duncan, Nu! Duncan, Down! Duncan, By!« Weder Duncan noch ich wussten nachher, was ich eigentlich von ihm wollte.

Als wir nach einer Stunde ziemlich durchgefroren wieder zu Hause ankamen, ließ meine Aufregung nach. Allerdings blieb der achtjährige Duncan weiterhin nervös und hechelte ununterbrochen. Wenn er sich einmal hinlegte, brauchte es nur eine minimale Bewegung oder irgendein

Geräusch, und der schwarze Wildfang schreckte wieder hoch. Sein Schwanz schlug permanent wie eine Peitsche. Auf jeden Fall schien er nicht totunglücklich darüber zu sein, dass sein Herrchen ihn hiergelassen hatte.

Mein Kimba zeigte sich trotz der ganzen Aufregung von seiner naturgegebenen Schokoladenseite. Er teilte bereitwillig Spielzeug sowie Schlafdecken. Im Garten versuchte er, Duncan zu einem Fangen-Spiel zu animieren. Er schnappte sich einen Kong, ein dunkelblaues Hartgummi-Spielzeug mit Noppen, schaute Duncan erwartungsvoll an, als wollte er sagen: *Guck, was ich tolles hab! Los, jag es mir ab!* Aber das Spiel klappte mit dem verfressenen Duncan nicht, weil er jede ergatterte Beute sofort zu mir transportiere, um Futter dafür zu erhalten. Das kann die Kehrseite sein, wenn Hunde ausschließlich über den Beutel gefüttert werden.

*

In der ersten Nacht verhielt sich Duncan extrem unruhig. Es gab zu viele fremde Geräusche, die ihn aufschreckten: die Heizung sprang an, ein Bus fuhr vorbei, die Nachbarn kamen nach Hause. Auf alles reagierte Duncan, stand bestimmt zehn Mal nervös neben meinem Bett und hechelte mir ins Gesicht. Irgendwann schliefen wir beide vor Erschöpfung ein.

Als der schwarze Chaot am Vormittag von seinem Herrchen abgeholt wurde, füllten wir gemeinsam den selbst kreierten Betreuungsvertrag aus und vereinbarten sechs neue Termine. Sechs! Unfassbar! Ich hatte meine erste Hundebetreuung ohne nennenswerte Verluste überstanden, das erste eigene Geld verdient und sogleich neue Aufträge gewonnen. Yippie!

Nach einer gemeinsamen Tasse Kaffee schnappte sich der rockige Erzieher den schwarzen Terrorkrümel und erblickte beim Hinausgehen meine Flyer, die dekorativ am

Eingang standen. »Oh, das ist prima! Da nehme ich direkt einen mit. Meine Chefin hat mich nämlich gefragt, wo ich meinen Hund während der Nachtschichten lasse. Sie sucht auch eine Hundebetreuung.«

»Was hat sie denn für einen Hund?«, wollte ich neugierig wissen.

»Einen schwarzen Labrador Mischling. Ziemlich aktiv!«

Na, perfekt! Da kam ich wenigstens nicht aus der Übung!

*

Doch bevor ein neuer Hund zu mir kam, zog Scoopy für acht Tage bei uns ein. Er ist ein Cavalier King Charles Spaniel und wohnt in der Nachbarschaft. Deshalb kannte der fuchsbraune kleine Kerl mich und Kimba bereits, sodass die Eingewöhnung problemlos lief. Für den Spaniel bedeutete der Aufenthalt bei mir ein Heimspiel!

Das Spazierengehen klappte super. Allerdings sah Scoopy danach aus wie ein kleines Schweinchen. Zum einen soff er bevorzugt aus Pfützen, während seine langen Ohren dabei im Wasser baumelten. Zudem verfingen sich in dem seidigen Fell haufenweise Blätter, Stöckchen sowie Kletten. Die Mitbringsel mussten alle zu Hause wieder herausgebürstet werden. Dann ging das Geschrei los; und zwar in einer unangenehm hohen Tonlage! Da kam schon mal die Nachfrage vom Nachbarn: »Quälen Sie neuerdings Hunde?« Deshalb nenne ich Scoopy liebevoll: kleine Mimi. Wer schön sein will, muss leiden!

*

Zu dem Duo Scoopy-Kimba kam noch Duncan dazu, und ich beherbergte zum ersten Mal zwei Gasthunde. Zur Vorbereitung las ich folgende Bücher von *Cesar Millan*: *Tipps vom Hundeflüsterer* und *Du bist der Rudelführer*. Cesar geht zwar sehr streng mit den Hunden um, aber seine Autorität erreicht mich sogar durch den Fernseher. In seinen *Dog*

Whisperer-Serien strahlt er eine extreme Sicherheit aus, die den Hunden signalisiert: ›Du kannst dich auf mich verlassen! Aber du musst meine Regeln befolgen! Ich bin der Rudelführer!‹ Genau das ist mein Ziel!

Der erste Spaziergang gestaltete sich ziemlich kompliziert. Es bereitete mir große Probleme, drei Hunde an drei Leinen zu führen, ohne dabei den gordischen Knoten zu produzieren. Zum Glück vertrugen sich die Hunde untereinander, wuselten aber trotzdem hektisch um mich herum, sodass ich mehrmals stehen bleiben musste, um die Beine aus dem Leinensalat zu befreien. Wäre ein Postauto vorbeigekommen, hätte es mich glatt eingepackt, so verschnürt, wie ich dort am Straßenrand stand!

Mein Ziel war die Niers, ein etwa fünf Meter breiter Fluss am Niederrhein, der in die niederländische Maas fließt. Im Sommer bietet die Niers herrliche Abkühlungsmöglichkeiten für die Hunde, im Winter laden Waldstücke zu ausgedehnten Spaziergängen ein. Bei dieser kalten Jahreszeit zogen sich Rehe, Fasane und Hasen in ihre Unterschlüpfe zurück, deshalb konnte ich die Hunde im Wald freilaufen lassen. Bis auf das leise Knistern der gefrorenen Blätter unter den Füßen herrschte eine andächtige Ruhe.

Naja, bis zu unserer Ankunft. Endlich befreite ich uns von den lästigen Leinen. Sofort schossen alle drei Fellnasen los und begannen, sämtliche Sträucher zu markieren. Außerdem mussten alle Blätterhaufen sowie verdächtige Löcher im Boden gründlich untersucht werden. Die Hunde jagten sich gegenseitig wie die Irren im Kreis. Dabei wechselte die Führung ständig.

Es überraschte mich, dass sich der kleine Scoopy von den größeren Kerlen nichts gefallen ließ. Er nutzte den Vorteil seiner geringen Körpergröße. Die machte ihn viel flinker und wendiger als die großen Labradore. Durch die wilde Toberei sah der Wald nach kurzer Zeit aus wie frisch durchgefegt. Dafür hingen sämtliche Blätter, Bucheckern und kleine Stöckchen im Fell des kleinen Spaniels. Auf das Geschrei zu Hause freute ich mich jetzt schon!

Der Rückweg nach Hause lief deutlich gesitteter, weil die Bande vom Toben müde war. Dort angekommen gab es eine ordentliche Futterration und danach – ausruhen!

Im weiteren Verlauf des Vormittages probierte ich mit den Hunden etwas Neues aus. Ich hatte zwei *Trixie Activity-Boards* in verschiedenen Größen gekauft. Darin werden kleine Futterstückchen versteckt, die die Hunde durch Ziehen, Verschieben oder Verdrehen von Klappen wieder herausbekommen müssen. Kopfarbeit!

Es machte irre Spaß, die Hunde dabei zu beobachten. Scoopy ging relativ ruhig, überlegt und zielgerichtet an die Sache heran. Die beiden Labradore dagegen zeigten vollen Körpereinsatz. Die zum Glück sehr stabilen Boards wurden getreten, gezerrt, gebissen und mit Krallen bearbeitet.

Ab und zu traf mich ein verzweifelter Blick, der zu sagen schien: *Keine Chance, Illi! Da kommen wir nicht dran!* Dann folgte mein aufmunterndes »Such!« mit einem kleinen Minihinweis, und wieder verschwanden die nassen Nasen in sämtlichen Öffnungen. War ein Board abgesucht, wurde das zweite kontrolliert, vielleicht hatte der Vorgänger etwas übersehen. Wie gut, dass die Dinger in die Spülmaschine durften. Bei dem ganzen Gesabber standen sie nach erfolgreicher Suche richtig unter Wasser.

Danach legten wir die nächste Pause ein. Kopfarbeit ist anstrengend!

*

Mitte Januar erhielt ich eine sehr nette Mail an meine brandneue E-Mail-Adresse: »Hallo! Ich habe Ihren Flyer bei unserem Dorfbäcker gefunden. Ihre Homepage hat mir sehr gefallen. Ich benötige eine Betreuung für meinen neunjährigen schwarzen Labrador Theo. Bitte rufen Sie mich an!«

Wahnsinn! Die Flyer machten sich bereits bezahlt! Ich meldete mich sofort und verabredete einen Termin. Da das Treffen mit Duncans Herrchen gut verlaufen war, wollte ich an der Strategie festhalten, die Interessenten mit ihren Hunden zu mir nach Hause einzuladen. Bis zum nächsten Feldweg sind es nur 100 Meter. Dort konnten wir Zweibeiner bei einem gemeinsamen Spaziergang erste Fragen klären und die Hunde sich beschnuppern. Danach ging es rein in meine gute Stube, damit sich der Gasthund bei mir zu Hause umsehen konnte.

*

Die Chefin des rockigen Erziehers rief wegen einer Betreuung für ihren Labrador-Mix Mio an. Die erste Mund-zu-Mund Propaganda! Witziger Weise zog meine Pension hauptsächlich schwarze Hunde an.

Die nächste E-Mail im Briefkasten bescherte mir eine dritte Interessentin. Auf dem Geburtstag einer gemeinsamen Freundin hatte meine Reiki-Meisterin von der Hundepensionseröffnung erfahren. Sie besitzt eine Hündin namens Paula. Welche Rasse? Klar, Labrador! Farbe? Schwarz! Wie könnte es anders sein! Aber – eine Hündin! Ein bisschen Abwechslung musste sein!

Mit den neuen Interessenten unternahm ich noch im Januar einen ersten Kennen-Lern-Spaziergang. Natürlich nicht gleichzeitig! Bei den ersten Treffen fragte ich mich noch nervös, was die Herrchen wohl von mir dachten? Ob sie mich mögen und mir tatsächlich ihren Hund anvertrauten?

Obwohl ich grundsätzlich ein eher zurückhaltender Mensch bin, fiel es mir bisher nicht schwer, die Hundehalter davon zu überzeugen, dass ich das absolut richtige *Frauchen auf Zeit* für ihre Fellnasen wäre. Das bedeutete jedes

Mal ein großes Kompliment für mich, weil mir wildfremde Hundebesitzer ein Lebewesen anvertrauten, welches in ihren Augen oft den Stellenwert eines Familienmitgliedes besaß. Ich hatte meine Berufung gefunden und war mit vollem Herzen bei der Sache!

*

Bereits Ende Januar kam Mio, der Labrador-Schäferhund-Mix als Gast in meine Hundepension. Ein sehr aufgeweckter Kerl mit glänzendem schwarzen Fell und einem weißen Fleck auf der Brust.

Auch bei ihm musste dringend an der Leinenführigkeit gearbeitet werden. Dazu zog ich einige Hundebücher zu Rate und testete verschiedene Trainingsmethoden. Eine Möglichkeit: Sobald der Hund nach vorn zog, stehenbleiben oder die Richtung wechseln. Das sollte den Vierbeiner überraschen und aufmerksamer machen. Nachteil, ich kam kaum voran und mit mehreren Hunden entstand das totale Chaos. Vor, zurück, keiner wusste mehr, wo es langging. Unpraktikabel!

Bei einer anderen Übung versperrte ich Mio den Weg, wenn er an mir vorbeiwollte. Dazu musste ich ihn möglichst schnell mit einem Bein ausbremsen. Dies entwickelte sich zu einer Mischung aus Tanz-Akrobatik und Ringen. Für mich keine Lösung, dafür agierte der Labrador-Schäferhund-Mix zu schnell.

In diesem Fall halfen mir die Tipps aus den Büchern nicht. Gut, zerrte ich eben weiter an der Leine, bis mir eine bessere Lösung einfiel. Das gab auf die Dauer gute Muckis in den Armen. Ist weder für den Zwei- noch für den Vierbeiner schön, allerdings störte es den Letzteren deutlich weniger. Wie hielten das die Besitzer nur aus? Ich musste mir ein dickeres Fell anschaffen!

Da Mio keine Treppen ging, verbrachte er seine erste Nacht unten im Wohnzimmer, ohne Gejaule. Als mein

Mann am nächsten Morgen jedoch zur Frühschicht aufbrach, endete auch für mich die Nacht. Der Labrador-Schäferhund-Mix bewachte die Haustür und bellte alles an, was vorbeikam: Bus, Hund, Fahrradfahrer, Regenwurm. Also machte ich es wie der frühe Vogel und suchte zusammen mit den Hunden den Wurm! Schlaf wird generell überbewertet!

*

Im Laufe des Vormittags kam Duncan dazu und brachte die Ruhe, die gerade eingekehrt war, zum Erliegen. Mio verhielt sich Duncan gegenüber extrem aufdringlich. Bedrängte, nervte und rempelte ihn. Ständig versuchte er auf Duncans Rücken zu steigen und bekam mit der Zeit einen leicht irren Blick.

Leider gab Duncan überhaupt kein Kontra. Er versuchte zwar ständig, Mios Drängeln zu entkommen, sendete aber keine Signale wie Knurren, Zähne zeigen, Lefzen hochziehen. Vielmehr schien er mich zu bitten: *Tu endlich was! Merkst du denn nicht, dass mir der Neue total auf die Nerven geht! Ich weiß mir da keinen Rat, das ist dein Job!* Anscheinend hatte der schwarze Labrador kein Gefühl für seine wirkliche Größe und hielt sich selbst maximal für einen Dackel.

Auf dem Spaziergang am Nachmittag ging das rüpelige Verhalten weiter. Mio zog ständig in Richtung Duncan, der nur eins im Sinn hatte – nämlich weg von dem!

Für mich interessierte sich keiner der beiden. Das Gezerre an den Leinen wurde immer schlimmer. Ich konnte die Hunde leider nicht freilaufen lassen, weil mir alle Hunde, Katzen und Autos entgegenkamen, die unser Dörfchen zu bieten hatte. Eine echt harte Prüfung! Ich bemühte mich, ruhig zu bleiben, Mio von Duncan wegzuhalten, ihn zu belohnen, sobald er in eine andere Richtung schaute. Die Worte »Nein! Fuß!« kamen als Dauerschleife aus meinem Mund. Aber Mio reagierte kein Stück, blieb nur auf Duncan fixiert.

Nach dreiviertel des Weges platzte mir der Kragen. Ich baute mich vor Mio auf, starrte ihm in die Augen und schrie: »Ich habe jetzt die Faxen dicke! Was denkst du eigentlich, wer du bist? Und wer hier das Sagen hat? Das bin zufälligerweise *Ich*! Du gehst mir mit deinem ewigen Gezerre vollkommen auf den Keks!« Total unprofessionell! Alle Hunderatgeber würden jetzt die Hände überm Kopf zusammenschlagen und mich als absolute Versagerin titulieren. Genauso fühlte ich mich in dem Moment auch. Am Ende meiner Kräfte und Geduld!

Und Mio? Der verstand das. Also, nicht wortwörtlich, aber zum ersten Mal an diesem Tag nahm er mich überhaupt zur Kenntnis. *Ach, wer bist du denn? Wurden wir uns schon vorgestellt? Warum bist du denn so wütend?*, deutete ich den Blick aus den braunen Hundeaugen. Endlich drang meine Körpersprache zu ihm durch. Das letzte Viertel des Weges ging er manierlich an meiner linken Seite, Duncan und Kimba auf der rechten. Leider fehlte mir die Kraft, um diesen Mini-Sieg zu genießen. Das musste später nachgeholt werden!

Zu Hause wollte der Labrador-Schäferhund-Mix die Dominanz-Spielchen fortführen. Aber ich hatte mich mittlerweile wieder gefangen und trennte die Hunde mit ruhiger und klarer Stimme. Sie wurden mit einem energischen »Platz!« in unterschiedliche Ecken beordert. Mio befolgte ermüdet das Kommando. Für Duncan benötigte ich gefühlte 135 Wiederholungen. Jetzt lief die Dauerschleife mit »Duncan, Nu! Duncan, Down!«

Mittendrin in aller Ruhe – mein Kimba! Der hielt sich aus allen Streitereien raus, lag auf seiner Decke und träumte. Bewundernswert!

*

Nach einer recht ruhigen Nacht startete ich mit den drei Hunden zur ersten Gassi-Runde. Bereits nach 20 Metern stellte ich fest, dass die Vierbeiner deutlich ausgeschlafener waren als ich.

Wir trafen auf einen recht dominanten schwarzen Labrador aus der Nachbarschaft. Mein noch nicht gefestigtes Rudel gab alles, um ihm zu zeigen, dass mit uns nicht gut Kirschen essen war. Ich setzte alle zur Verfügung stehenden Kilos ein, um die wild kläffende Meute im Zaum zu halten.

Zum Glück hatte die Gemeinde am Feldeingang einen großen Glascontainer positioniert. Den konnte ich als Sichtwand missbrauchen, um mich an dem anderen Hund vorbeizumogeln. Jetzt war ich wach! Und die Leine von Kimba, die Selbstgeklöppelte, leider kaputt.

Nachdem ich mein Rudel verbal zusammengestaucht und die Blutzirkulation in den verklemmten Fingern wieder in Gang gesetzt hatte, ging es gemäßigter weiter bis zu einer großen Wiese. Mit der Zeit bekam ich die drei großen Kerle immer besser in den Griff. Zum einen gewöhnten sich die Hunde aneinander, zum anderen legte sich meine Nervosität ein wenig, sodass ich mehr Ruhe ausstrahlen konnte.

In dem Ratgeber von *Cesar Millan* hatte ich gelesen, dass Hunde folgendes brauchen: 1. Bewegung, 2. Disziplin/Regeln, 3. Zuneigung. Diese Reihenfolge galt es zu beachten. Da Duncan gerne apportierte, nahm ich den Kunststoff-Wurfarm samt Gummibälle mit. Und siehe da – auf einmal hatte ich die hundertprozentige Aufmerksamkeit des gesamten Rudels!

Mio gefiel die Ballwurfaktion. Endlich konnte er seine überbordende Energie in etwas Sinnvolles umsetzen: Rennen und Apportieren! Aus hellwachen Augen schaute er mich an, die Zunge hing ihm hechelnd aus dem Maul und die Hinterpfoten bebten in freudiger Erwartung.

Mich überraschte die Tatsache, dass das Ballholen zwischen Duncan und Mio absolut friedlich verlief. Wer als erster den Ball schnappte, der gewann. Sie kamen trotzdem beide stolz zu mir zurückgelaufen und warteten auf den nächsten Wurf.

Mein Kimba gab das Rennen bald auf. Er merkte, dass er gegen die zwei Raser keine Chance hatte und widmete sich seiner Lieblingsbeschäftigung: Fressen! Während ich die zwei Balljunkies beschäftigte, schlang Kimba ein paar Hasenknochen hinunter, die er auf dem Feld gefunden hatte. Widerliche, blutige Knochen, an denen noch Fellreste hingen. Auch wenn es mich innerlich vor Ekel schüttelte, griff ich beherzt in den Hunderachen, angelte so viel ich konnte von den Überresten heraus und warf sie weg. Ein Schwarm Fliegen surrte hinterher. Igitt! Mein energisches »Aus, pfui!« quittierte Kimba mit einem verständnislosen Blick. Ich hatte keine Ahnung von *haute cuisine*!

Nach einer ausgiebigen Apportiereinheit ging es weiter in ein nahe gelegenes Wäldchen, wo die zweite Spielerunde stattfand. Plötzlich fiel mir auf, dass Mios Leine nicht mehr um meinen Hals baumelte. Au backe! Die musste mir bei dem ganzen Ballgeschmeiße von den Schultern gerutscht sein. Da half nur: suchen! Das dürfte kein Problem sein, schließlich gehörten alle drei Fellnasen zu den Apportierhunden, deren Geruchsinn meinen um Längen übertraf. »Such, Leine!«, lautete mein Kommando und für Duncan übersetzt »Apport, Leine!«

Mit Begeisterung und den Schnüffelnasen dicht am Boden machten sich die drei auf die Suche. Allerdings bezweifelte ich, ob sie tatsächlich verstanden hatten, was genau sie suchen sollten. Sie schauten mich zwar begeistert, aber ein wenig ratlos an.

Da Sturheit zu meinen Charaktereigenschaften gehört, suchten wir immer weiter. Und suchten! Wir gingen den ganzen Weg wieder zurück. Quer über die große Wiese. Dort fand ich die Leine! Auch wenn der Geruchssinn der Hunde vierzig- bis hundertmal stärker ist als der des Menschen, gibt es noch die anderen Sinne! Durch den Vorteil unseres aufrechten Ganges verfügen wir Zweibeiner über die bessere Fernsicht! Ätsch! Wo lag die Leine? – Bei den Hasenknochen!

Dafür fehlte jetzt der Ball! Aber der bedeutete mir nicht genug, um eine weitere Suchaktion zu starten. Vollkommen erschöpft gingen wir vier gesittet nach Hause und stürzten uns auf unser verdientes Frühstück!

*

Als Mio abends wieder abgeholte wurde, teilte ich seinem Frauchen mit: »Mit mir und den Kindern ist dein Hund absolut lieb und verschmust. In Bezug auf andere Hunde geht er ziemlich selbstbewusst zur Sache.«

»Ach, das ist mir noch nie aufgefallen. Bei mir zu Hause hat er keine Probleme. Wir treffen aber kaum andere Hunde«, kam als überraschte Antwort.

»Tja, wenn er keine Artgenossen trifft, kann er keine artgerechte Kommunikation lernen.«

»Dann ist es umso toller, dass er hier bei dir die Möglichkeit hat, etwas für sein Sozialverhalten zu tun. Ich habe den Eindruck, dass du das hier ziemlich gut im Griff hast. Trotz der drei großen Hunde. Ich glaube, Mio sollte regelmäßig zu dir kommen!«, lobte mich sein Frauchen.

Das Kompliment ging natürlich runter wie Öl!

Ich habe mehr und mehr das Gefühl, dass die Fellnasen uns Zweibeiner recht gut verstehen, dabei aber verlernen, mit den Artgenossen zu kommunizieren. Hundeschulen oder -Freilauf Flächen bieten die Möglichkeit, dass sich

Vierbeiner mit Artgenossen treffen und dabei Unterordnung sowie Dominanz erleben. Das sind sehr wichtige Erfahrungen für den Hund!

Zum Glück fällt den Hunden ihre angeborene Sprache recht schnell wieder ein. Wie Vokabeln, die man lange nicht mehr nutzte.

Erkenntnisse des Monats:

- Kopfarbeit ist anstrengend.
- Der Rudelführer braucht ein dickes Fell!
- Manchmal muss man den dicken Macker spielen, um wahrgenommen zu werden.
- Ich sollte so werden wie Kimba: ruhig und gelassen!
- Bücher haben oft recht – aber nicht immer!
- Probieren geht über Studieren!
- Hunde sind vom Wesen ganz individuell. Man muss jeden so nehmen, wie er ist!
- Beim Befolgen von Experten-Ratgebern, niemals das eigene Gefühl außer Acht lassen.
- Jeden Tag dankbar dafür sein, dass Kimba so gut an der Leine läuft!

Februar 2016

War ja klar, dass das nicht so glorreich weiterlaufen konnte! Ich stieß auf einen mysteriösen Unbekannten: den §11! Nicht BGB oder HGB, nicht den §11 des Landeshundegesetzes NRW, den ich mit meinem Sachkundenachweis in der Hundeschule abgelegt hatte. Weit gefehlt …

Ich meinte den §11 des Tierschutzgesetzes – und jetzt ging es richtig los!

»Wer daher eine Hundepension eröffnen oder als gewerblicher Tiersitter Hunde von Dritten betreuen will, benötigt dafür gemäß §11 Absatz 2 Nummer 1 eine Erlaubnis. Es reicht somit nicht aus, einfach nur zum Gewerbeamt zu gehen.« (Zitat Ende)

Okay, Erlaubnis … von wem? Vom Kreisveterinäramt in Viersen. Also rief ich die zuständige Dame dort an und erfuhr folgende Auflagen, die ich für die Genehmigung meiner Hundepension benötigte:

- Sachkundenachweis (Anerkannt wird ein Abschluss an der Kölner Hundeakademie. Ein Vier-Tagesseminar kostet 335,00 Euro.)
- Alternativ könnte ich eine Qualifikation als Tierärztin oder Tierarzthelferin vorlegen. (Das kann ich leider nicht!)
- Polizeiliches Führungszeugnis (Kein Problem)
- Grundrissskizze, wo die Hunde gehalten werden sollen … die zwei … (Wo sollen die sein? Entweder zwischen meinen Füßen oder auf einer der vielen Hundedecken.)
- Antrag beim Bauamt, wegen baurechtlicher Nutzungsänderung (Wie bitte? Ich möchte nichts umbauen, sondern nur zwei Hunde bei mir zu Hause aufnehmen!)

Aber ich wollte es richtig machen … offiziell; nicht unter der Hand wie andere.

Die Dame gab mir den freundlichen Hinweis, mit dem Bauamt anzufangen. Bekäme ich dort eine Absage, hätten sich alle weiteren Punkte erledigt.

Na, sie wird mich noch kennenlernen!

*

Okay, zuerst das Bauamt. Ich fuhr nach Oedt und traf auf einen netten Herrn, der mir folgendes erklärte: »Sie müssen zwei Punkte beachten! Einmal den planungsrechtlichen Aspekt, dafür bin ich zuständig, und den bauordnungsrechtlichen Punkt, dafür ist der Kreis Viersen zuständig.«

Na super! Eine Stelle wäre wahrscheinlich zu einfach gewesen. »Worin liegt denn der Unterschied?«, wollte ich wissen.

»In unserer Verantwortung liegt die Eingruppierung der Wohngebiete. Einen Moment, ich schaue für Ihren Wohnort nach.« Er kehrte mit einem dicken Ordner zurück, den er eine Weile durchstöberte. »Hier! Sie wohnen in einem *allgemeinen Wohngebiet*!«

»Ist das gut oder schlecht?«

»Erstmal gut! Würden Sie in einem *reinen Wohngebiet* wohnen, dürfte dort auf keinen Fall ein Gewerbe genehmigt werden. Einen Moment!« Er holte einen anderen Wälzer hervor, den er an einer markierten Stelle aufschlug und las vor: »In einem *allgemeinen Wohngebiet* dürfen Genehmigungen für eine Gewerbeeröffnung ausnahmsweise erteilt werden, so lange es sich nicht um einen nicht störenden Gewerbebetrieb handelt.«

»Das klingt gut. Dann gibt es Hoffnung! Was muss ich tun, um eine Genehmigung zu erhalten?«

»Wenden Sie sich an die zuständige Person beim Bauamt in Viersen und fragen dort nach, ob Sie für die kleine

Hundepension tatsächlich eine teilweise Nutzungsänderung Ihres Wohnhauses brauchen.«

Das musste ich mitschreiben, um nichts zu vergessen. Ich bedankte mich für das hilfsbereite Gespräch, fuhr zurück nach Hause und tätigte dort umgehend den empfohlenen Anruf. Dieser brachte lediglich die Bestätigung, dass ich, auch wenn mein Gewerbe vom Umfang her recht klein ausfiel, diese besondere Genehmigung benötigte. Um nicht gleich den großen Bauantrag auszufüllen, könnte ich aber zuvor eine Bauvoranfrage stellen. Das wäre einfacher. Dafür bräuchte ich allerdings ein Antragsformular, eine aktuelle Flurkarte sowie eine Beschreibung meines Gewerbes ... bitte alles in dreifacher Ausfertigung. Die Unterlagen bekäme ich beim Bauamt in Oedt.

Also zurück nach Oedt. Der Sachbearbeiter konnte sich noch an meinen Namen erinnern. Solche Vorhaben kamen im Kreis Viersen anscheinend nicht häufig vor. Er sah in dem Aufwand, der sich mir darbot, kein Verhältnis zu meiner geplanten Absicht. Aber so sei es in Deutschland! Das Antragsformular händigte er mir aus, riet mir aber gleichzeitig aus Kosten- und Zeitgründen, keine Bauvoranfrage zu stellen, sondern direkt einen offiziellen Bauantrag. Hoffentlich fühlte sich die Frau vom Bauamt Viersen dabei nicht auf den Schlips getreten. Die Flurkarte druckte er mir netterweise dreifach aus und rechnete nur einmal den Pauschalpreis in Höhe von 20,00 Euro ab.

Der Clou kam zum Schluss: das Thema Parkplätze! Da mein Betrieb Kundschaft erwartete, müsste ich einen entsprechenden Parkplatz anschaffen. Praktisch ginge das jedoch nicht, deshalb sollte ich der Gemeinde einen Betrag in Höhe von 5.000,00 Euro zahlen, um mich aus der Verpflichtung auszulösen. Mit diesem Geld würde die Gemeinde einen virtuellen Parkplatz einrichten, auf den ich allerdings keinen Rechtsanspruch hätte. Hat das einer verstanden? In meinem Kopf erschienen nur noch Fragezeichen!

Ich füllte die Unterlagen aus, erstellte eine wunderschöne Beschreibung meines Gewerbes und brachte den Umschlag persönlich zur Post. Die Zeit des Abwartens und Daumendrückens begann!

*

Nichtsdestotrotz legte ich beim Fressnapf meine Flyer aus und erwarb neue Bälle, Leckerlis sowie Zuppel-Spielzeug. Schließlich ging ich davon aus, dass mein Gewerbe in Kürze genehmigt werden würde.

Vorausschauend meldete ich mich bei der Kölner Hundeakademie für den Sachkundelehrgang Hundehaltung mit Prüfung nach §11 TierSchG zum nächstmöglichen Termin an: Ende Juli. Früher ging es nicht, das konnte ich nicht ändern. Die Inhalte des Lehrgangs klangen so interessant, dass sie mir auf jeden Fall weiterhälfen.

*

Noch in derselben Woche traf ich mich mit dem Frauchen von Theo. Von ihr hatte ich die nette E-Mail erhalten. Da sie auf meiner Straße wohnt, vereinbarten wir ein Treffen auf der alltäglichen Gassi-Runde. Ihr Theo wurde zwar bald 10 Jahre, das sah man dem fröhlichen Labrador jedoch nicht an. Kimba und Theo verstanden sich auf Anhieb und liefen friedlich nebeneinander her.

Es goss in Strömen! Da Labradore generell mit einem wasserabweisenden Unterfell gesegnet sind, machte beiden der Regen nichts aus. Wir Zweibeiner mussten uns bei diesem scheußlichen Wetter in ziemlich viele Schichten packen.

Zu Hause schleuste ich Theo und sein Frauchen durch unsere Garage in den Garten. So triefend nass konnten wir nicht durchs Haus laufen. Wir brauchten erst einmal einen

Stapel Handtücher, um uns alle wieder trockenzulegen. Die gemeinsame Rubbelaktion heiterte jedoch die Stimmung auf.

Theos Frauchen seufzte: »Puh, Labradore! Wir sind gerade erst hierhergezogen. Hätte ich gewusst, dass die Bauern zwischen den Feldern all diese Gräben zur Entwässerung angelegt haben, hätte ich mir das mit dem ländlichen Anwesen vielleicht noch einmal überlegt. Theo springt selbst im Winter in jeden Matschgraben.«

»Ja, das kenn ich. Genieß die Zeit! Das wird im Sommer noch viel schlimmer! Den Hunden ist viel zu warm und die Gräben werden richtig ekelig.«

»Zum Glück haben wir im Garten eine Pumpe installiert, da muss Theo drunter, wenn er sich zu sehr eingesaut hat.«

»Du Glückliche! Kimba nimmt zwar jede Dreckspfütze mit. Aber wehe, ich komme mit dem Gartenschlauch. Dann ist mein Schokolabbi ruckzuck in irgendeiner Ecke verschwunden. Das Wasser aus dem Brunnen ist ihm viel zu sauber!«

Wir amüsierten uns weiter über die wasserverrückten Vierbeiner, und ich gewann meinen nächsten Kunden!

*

Da Paulas Name zum ersten Kennenlernen im Terminkalender stand, dachte ich, wie schön es wäre, wenn sie Theo träfe. Die beiden werden im März zusammen bei mir sein. Schwupps, kaum gewünscht, erhielt ich eine Nachricht von Theos Frauchen mit der Anfrage, ob er spontan heute Nachmittag zu mir kommen könne. Klar kann er! Wenn sich nur alle Wünsche so schnell erfüllten!

Paula traf um die Mittagszeit ein. Sie ist eine hübsche, zierliche Labrador-Dame gemischt mit ein paar Border Collie-Genen, recht vorsichtig, aber neugierig. Ihr Frauchen ist seit vielen Jahren Reiki-Meisterin, beschäftigt sich intensiv mit spirituellen Themen und besitzt eine sehr tiefe Bindung zu ihrer zweijährigen Hündin.

Die Hundehalterin begann direkt, jede Bewegung sowie Mimik von Paula gegenüber Kimba zu analysieren: »Guck, sie versteckt sich zwischen meinen Beinen! Das bedeutet, sie ist noch unsicher, braucht noch meine Nähe. Jetzt ist sie neugierig, ihr Schwanz ist hoch, wackelt aber weich hin und her … das ist gut. Oh, jetzt hat Kimba sie erschreckt. Das war zu stürmisch!«

Verwirrt betrachtete ich die Besitzerin, deren Verhalten jedoch die Sorge um das Wohlergehen des Hundes widerspiegelte.

Ich machte mir gerne unvoreingenommen ein Bild von den Vierbeinern. Denn bisher hatten sich alle Vorwarnungen der Halter »Sie trinkt nicht aus Blechnäpfen. Er geht keine Stufen hoch. Sie schläft immer auf ihrer Decke« als nicht zuverlässig erwiesen. Zu Hause mochte das so sein, aber bei mir verhielten sich die Hunde oft anders. Da herrscht die Macht des Rudels! Wenn der erste aus einem Blechnapf voller Regenwasser soff, dann machte der zweite das nach. Ganz zu schweigen von den *Aus-der-Gießkanne-Säufern*.

Theo traf eine Viertelstunde später ein. Nach einer stürmischen Begrüßung zogen wir Frauen mit drei Hunden los. Diese verstanden sich auf Anhieb. Theo drehte sich wie ein Kreisel und riss mit seiner Freude die anderen beiden mit.

Schnell legte Paula die schüchterne Zurückhaltung ab und tobte mit den beiden Kerlen über die Felder.

Plötzlich fehlte jede Spur von meinem Kimba! Theo und Paula standen schwanzwedelnd vor uns, aber mein schokobrauner Labrador reagierte auf mein »Kimba! Hiiiiieeeer!« nicht.

Das machte die Reiki-Meisterin ziemlich nervös. Eilig begann sie den Weg auf- und abzulaufen. Sie hielt zwei Fahrradfahrer an. »Hallo! Bitte, Sie müssen uns helfen! Haben Sie einen braunen Labrador gesehen? Er ist uns gerade weggelaufen!«

Die Fahrradfahrer schauten genauso verdutzt wie ich. Mein Hund lief mir doch nicht davon! Er hat es viel zu gut bei mir und wäre schön blöd, wenn er sich die ganze Liebe, zweimal lecker Futter am Tag und abends das gemütliche Schmusen auf der Couch entgehen ließe. »Mach dir bitte keine Sorgen! Kimba kann nicht weit sein, sondern hat bestimmt irgendwo was zu Fressen gefunden.«

Da kam er angetrabt, allerdings leicht geduckt. Aus lauter Begeisterung über seinen Fund leckte er sich die Lefzen. Oder er wollte mich beschwichtigen, denn der Blick, mit dem ich ihn empfing, konnte nicht als *freundlich* bezeichnet werden. Der Schlawiner hatte genau mitbekommen, dass ich ihn rief. Aber der Fressreiz war stärker! Wie in der Hundeschule gelernt, leinte ich Kimba kommentarlos an. Als erzieherische Maßnahme musste er eine Weile an der kurzen Leine gehen. Nur gehorsame Hunde dürfen freilaufen!

*

Es kontaktierte mich wieder jemand über meine Homepage: das Herrchen eines Cairn Terriers aus der Nachbarschaft. Meine Seite gefiel ihm sehr gut! Kann es ein schöneres Kompliment für die eigene Arbeit geben? Es wurde eine Tagesbetreuung gesucht, da beide Besitzer an einigen Tagen lange arbeiten müssen.

Ratet, wie der kleine struppige Kerl hieß? Ach wie gut, dass niemand weiß, dass ich … heiß. Rumpel (stilzchen) ist ein typischer Terrier: recht eigensinnig, nicht unbedingt leinenfreudig und mit der Nase immer am Boden. Er besitzt graues, struppiges Fell und guckt aus kleinen schwarzen

Augen reichlich vorwitzig durch die Gegend. Wenn er im Schnüffelmodus ist, kann man rufen, bis der Arzt kommt.

Wir unternahmen einen schönen Spaziergang an der Niers. Kimba und Rumpel ignorierten sich, zogen beide ihre eigenen Kreise.

Das änderte sich bei uns im Haus rapide. Rumpel begann sofort, alles neugierig in *Nasenschein* zu nehmen. *Hm, mal schauen, wer schon alles da war!* Bald starteten die Fellnasen eine fröhliche Rüpelei. Kimba legte sich voll ins Zeug und ließ sein grummeligstes Spielaufforderungsbrummen ertönen. Davor gingen auch größere Hunde stiften. Rumpel schreckte das keinesfalls ab, er machte begeistert mit. Die beiden sprangen umeinander herum, schnappten sich spielerisch in die Pfoten, brummten wie die Bären. Dabei bewies Rumpel die nächste Charaktereigenschaft der Terrier: Ausdauer. Nach einer halben Stunde lag mein Kimba total ausgepowert auf seiner Decke, während Rumpel noch völlig aufgedreht um ihn herumtollte. Wie schön, wenn Hunde sich gut verstehen!

*

Wenige Tage später erhielt ich den Anruf einer Hundehalterin. Sie hatte meinen Aushang bei Rewe gefunden.

»Welche Hunderasse haben Sie denn?«, erkundigte ich mich.

»Einen Maremmano.«

»Einen was?«

»Einen Maremmano.«

»Könnten Sie das freundlicherweise buchstabieren!«

Diese Rasse musste ich zunächst googeln. Es sind Herdenschutzhunde und ursprünglich dafür gezüchtet, Schafherden zu bewachen. Deshalb kann man sie hervorragend als Wachhunde für Haus und Hof einsetzen. Vom Wesen her sind sie ruhig, gutmütig, können aber auch eigensinnig sein, weshalb sie eine konsequente Erziehung benötigen.

Von dieser Rasse gibt es in Deutschland nicht sehr viele Hunde. Dieser hier stammt direkt aus Mailand und trägt den wunderschönen Namen: Poldino.

Weil ich einen Tapetenwechsel brauchte, packte ich meinen Mann, Kimba und Duncan in den Kombi und fuhr direkt zur Interessentin in den Nachbarort. Poldino erwartete uns bereits aufgeregt bellend am Gartenzaun. Er sah noch viel schöner aus als auf den Fotos im Internet. Wie ein Schaf – oder ein Eisbär. Wenn ich eine Hündin wäre, hätte ich mich auf den ersten Blick in diesen Zuchtrüden verliebt.

Sein Frauchen empfing uns mit großer Gastfreundlichkeit auf einem wunderschönen Grundstück.

»Sie haben hier aber viel Platz! Das wäre ein ideales Gelände für eine Hundepension«, geriet ich direkt ins Schwärmen.

»Ja, es ist hier traumhaft ruhig. Für Poldino ist das Grundstück perfekt. Er ist es gewohnt zu wachen, deshalb schläft er draußen.«

»Und wie stellen Sie sich das vor, wenn ihr Hund über Nacht bei mir bleiben soll? Ich kann ihn nicht draußen im Garten lassen. Im Gegensatz zu Ihrem Grundstück ist mein Garten so groß wie ein Badelaken«, zweifelte ich.

»Tja, das weiß ich noch nicht genau. Bisher ging er immer ins Hundeparkhotel. Aber ich suche etwas Familiäreres. So etwas, was Sie machen.«

»Schlägt Poldino an?«

»Ja, wenn sich jemand dem Grundstück nähert, dann verbellt er ihn.«

»Auch nachts? Da bellt er mir die halbe Nachbarschaft zusammen!« Falls ich jemals eine Genehmigung vom Veterinäramt erhielte, könnte ich diese nach einer Betreuung von Poldino direkt in den Schredder stecken.

Sein Frauchen riss mich aus den Gedanken. »Sie dürfen ihn allerdings nicht freilaufen lassen. Er hat einen ausgeprägten Jagdtrieb und verschwindet über alle Berge, wenn er die Chance dazu bekommt.«

Wie auf Kommando verschwand Poldino – allerdings nicht über alle Berge, sondern direkt in meinen Kofferraum, den ich für Kimba und Duncan geöffnet hatte. Tja, damit hatte sich die Betreuungsfrage wohl erledigt. Prinz Poldi, wie ich ihn bereits liebevoll nannte, hatte sich für mich entschieden, und ich musste mich wohl oder übel mit den Themen Langlaufleine und Absicherung meines Gartens beschäftigen.

*

Dass nicht immer alles Friede, Freude, Eierkuchen war, erlebte ich eines Morgens. Weil Einkäufe erledigt werden mussten, wurden Duncan und Kimba vorsorglich in den Flur gesperrt. Was ich nicht wusste: Duncan kann Türen öffnen!

Also nutzten die zwei Labbis die sturmfreie Bude schamlos aus. Mit Duncans akrobatischem Einsatz gelangten sie in die Küche, rissen ein Paket mit zehn rohen Eiern von der Theke und verputzten diese komplett … samt Schale. Dazu die Brötchenreste der letzten Wochen sowie ein komplettes Brot. Auf der anderen Seite stand ein Blech voll selbst gemachter Hundekekse. Die hatten sie wohl nicht mehr geschafft, die verfressenen Kerle!

Daraufhin strich ich ihnen das Mittagessen, was die beiden wahrscheinlich gar nicht bemerkten. Was hätte ich jetzt für eine Überwachungskamera gegeben, um die Diebe bei dem erfolgreichen Raubzug beobachten zu können. Wer war der Übeltäter? Wurde gerecht geteilt oder gar um die Beute gekämpft? Ich werde es leider nie erfahren, und die Räuber schweigen bis zum heutigen Tag!

*

Rumpels erster Tag brach an. Nach einer Nacht mit Bodenfrost ging die Sonne gerade auf. Ein herrlicher Morgen! Kimba, Duncan und ich erwarteten den Terrier vor der Haustür, bereit, die erste Gassi-Runde zu starten. Die Begrüßung fiel hektisch aus. Rumpels Stummelschwanz vibrierte im Staccato, als er Duncan beschnüffelte. Der aufdringliche Zwerg störte den schwarzen Riesen, er wollte dessen Nähe durch hektische Sprünge um mich herum verhindern. Ruckzuck stand ich wieder, wie ein Indianer am Marterpfahl gefesselt, im Leinensalat.

Man konnte mich allerdings auch mit *Lara Croft* oder dem *Babynator* verwechseln – mir fehlte nur der Sex-Appeal. Wenn ich zum Spaziergang aufbrach, hing reichlich Ausstattung an mir. Zuerst mein Bauchgurt, bestückt mit Leckerlis, Tüten zum Kotaufsammeln, Gummiball, Schlüssel, Geld und Handy. Frau musste auf alles vorbereitet sein! An diesem Gurt baumelte Duncans Futterbeutel auf meiner rechten Seite. Links steckte die Ballwurfschleuder. Jetzt wurde noch Rumpels Futterbeutel mithilfe eines Karabiners dazu geklinkt. Da der Terrier nicht besonders gehorchte, wurde er nur bei gutem Verhalten aus dem Beutel belohnt. Die Masse an Sachen, die mir um die Beine baumelte, störte ziemlich. Dafür musste ich mir etwas anderes einfallen lassen!

Keine Ahnung, welch einmaliger Duft an Duncan haftete, aber Rumpel hing permanent an dem schwarzen Labrador. Jeder Versuch, den kleinen Knirps mit Hilfe eines Leinenrucks von Duncan fernzuhalten, wurde ignoriert. Da zeigte sich die Sturheit der Terrier. Mich beachtete er herzlich wenig. Allerdings nutzte ich diese Besessenheit für mich aus und leinte Rumpel ab. Der ging mir nicht verloren, der klebte wie festgetackert an Duncan. Auf der ersten Wiese zückte ich zu Duncans Begeisterung die Ballschleuder. Auch Rumpel rannte los, jedoch nicht hinter dem Ball her, sondern hinter dem schwarzen Labrador. In der Zeit hatte Kimba im Wäldchen mal wieder etwas zu fressen gefunden.

Eine Walkerin tauchte in einiger Entfernung auf. Ich wusste, dass sie Angst vor Hunden hat. Also zog ich mich auf eine große Wiese zurück und rief alle Hunde zu mir. Duncan gehorchte, Rumpel folgte als sein Schatten, nur Kimba fraß seelenruhig weiter. Die Walkerin kam immer näher. Kimba entschloss sich dann netterweise, meinem Ruf Folge zu leisten und trabte auf mich zu. Bevor er mich erreichte, bellte Rumpel los und lief auf die Walkerin zu. Duncan und Kimba mit Getöse hinterher. Gar nicht gut!

Aus Erfahrung wusste ich, dass hinterherbrüllen jetzt die falsche Variante wäre. Das feuerte den Aktionismus der Hunde weiter an und verschreckte die Walkerin zusätzlich. Also hieß mein oberstes Gebot: Ruhe bewahren und Gelassenheit ausstrahlen. Dabei ging mein Herz wie ein Presslufthammer.

Die Walkerin blieb stocksteif stehen, den Blick fest auf die Hunde gerichtet.

Ich rief noch einmal energisch Duncan und Kimba zurück. Leider liefen die beiden bis zu der Frau, drehten dann erst ab und kamen zu mir zurück.

Sofort leinte ich die beiden großen Hunde an, der kleine Terrier entzog sich immer noch flink meinem Zugriff. Weder mit freundlicher noch energischer Stimme konnte ich ihn zu mir rufen. Jetzt wurde deutlich, was seine Besitzer als schlechte Rückrufbarkeit bezeichneten. Das musste ich dringend üben! Als Rumpel wieder an Duncan schnupperte, packte ich zu. Nicht mehr sachte, denn mittlerweile war ich geladen wie eine scharfe Chilischote und rot vor Wut.

Aber nicht annähernd so zornig wie die Walkerin: »Was fällt Ihnen denn ein? Sie müssen verhindern, dass mich die

Hunde so angehen! Ich habe Angst vor Hunden! Sie haben die ja gar nicht im Griff!«

Jedes Wort traf mich wie ein Peitschenhieb. Ich hatte die Lage zwar richtig eingeschätzt, aber die Hunde nicht rechtzeitig unter Kontrolle bekommen. Unfähiger konnte man sich wohl kaum anstellen. In einer Beurteilung stände jetzt: Sie bemühte sich stets … Mit ultraschlechtem Gewissen sagte ich: »Es tut mir unendlich leid. Ich habe versucht, die Hunde rechtzeitig zu mir zu holen. Aber die zwei sind noch neu bei mir und hören nicht so gut.«

»Das ist mir egal! Dann dürfen Sie die eben nicht frei rumlaufen lassen!« Mit diesen scharfen Worten wandte sie sich ab und ging zügig weiter.

Nach einer Weile wagte ich mich zurück auf den Feldweg. Die Vierbeiner blieben an der Leine. Jetzt hieß es erst einmal: im Rudel gehen und sortieren, welcher Hund auf welche Seite kam. Kimba nach rechts. Rumpel und Duncan schob ich auf die linke Seite. Rumpel musste durch dreimal heftiges Leinenrucken daran erinnert werden, dass jetzt nicht Spielen-Zeit, sondern Laufen-Zeit war.

Mir kam die nächste Spaziergängerin entgegen. Prima, perfekt zum Üben! Aufrechte Haltung, Rücken gerade, Kopf hoch, positive Energie ausstrahlen. Ich wich zwar vier Meter ins Feld aus, aber wir kamen entspannt an der Frau vorbei. Sie bedankte sich mit einem Lächeln. Viel besser!

Wir gingen noch eine Weile weiter an der Leine, bis ich ein Feld erreichte, das zu allen Seiten gute Einsicht bot. Hier wollte ich den Rückruf trainieren und leinte die Hunde ab.

Zuallererst musste Rumpel lernen, dass etwas Schönes passierte, wenn er zurückkam. Streicheln, loben, oder Futter. Danach durfte er wieder seines Weges ziehen konnte, ohne zurück an die Leine zu müssen. Sonst verankerte sich in dem kleinen Hundekopf: *Wenn ich zurückkomme, werde ich festgemacht. Das ist blöd – also komme ich nicht zurück!* Hunde sind nicht dumm!

*

Am Nachmittag sah die nächste Gassi-Runde anders aus. Die drei gingen von Beginn an viel entspannter an der Leine. Rumpel und Duncan links, Kimba rechts. Beim Freilauf kam Rumpel auf Zuruf jedes Mal zu mir gelaufen und holte sich entweder Lob oder Leckerli ab. Das hatten wir vorher ausgiebig im Garten trainiert. Wahrscheinlich tat der Terrier mittlerweile alles, um etwas zu Futtern zu bekommen.

Auf dem Rückweg trafen wir einen Nachbarhund, den Duncan und Kimba bereits kannten, und Rumpel lief zu Hochform auf. Er verteidigte tatsächlich unsere Gruppe, vor allen Dingen Duncan, indem er den Fremdling aus vollem Hals verbellte. Da erlebte ich zum ersten Mal: die Macht des Rudels!

*

Mitte Februar bekam *Dog-Holiday* Post vom Kreis Viersen. Die Spannung stieg! Es war … eine Eingangsbestätigung meines Antrages. Am 02.02. hatte ich die Unterlagen eingereicht und bekam nach vierzehn Tagen eine Eingangsbestätigung! Unfassbar, so lange brauchte der Weg vom Briefkasten bis zum Schreibtisch! Wie lange mochte die Genehmigung dauern?

*

Poldino besuchte mich samt Frauchen, um zu überprüfen, ob mein Haus *Poldi-sicher* war. Der schneeweiße Maremmano zeigte sich an diesem Tag von der machomäßigen Seite. Der Kerl kam rein, schnüffelte alles an und pinkelte mir vor den Türrahmen. Gab es keinen Knigge für Hunde?

Als ich ihn in den Garten verbannte, machte er dort noch einen Haufen! Mir verschlug es die Sprache. Dabei hätte ich hier als Rudelführer direkt einsteigen müssen.

Wenn Hund und Besitzer zu mir nach Hause kommen, befinde ich mich in einer Art Zwickmühle. Der Hund kennt mich noch nicht, aber er betritt mein Territorium. Hier gelten meine Regeln! Allerdings füllte ich die Rolle des Rudelführers erst seit kurzem aus und hoffte deshalb auf die Unterstützung des Halters.

Poldinos Frauchen blickte skeptisch auf meinen Gartenzaun. »Also, der Zaun ist nicht hoch genug für Poldino. Da springt er locker rüber!«

»Da muss ich Ihnen recht geben. Letztes Jahr im Herbst hat mir ein Sturm das Gewächshaus umgeweht, das dann auf den Zaun gekracht ist. Dadurch hat der Maschendraht an Zug verloren und eine heftige Delle erhalten. Den müssen wir dieses Jahr sowieso erneuern. Der kommt höher!«

Sie nickte bestätigend. »Poldino ist es als Herdenschutzhund gewohnt, draußen zu schlafen. Wie wollen Sie das bewerkstelligen?«

»Das ist eine sehr gute Frage. Ich habe keine Ahnung. Ich kann ihn schlecht an einen Pfosten der Überdachung ketten. Aber wenn ich ihn frei draußen lasse, könnte ich die ganze Nacht kein Auge zu tun, aus Angst, dass er ausreißt. Außerdem – wenn er mitten in der Nacht die Nachbarschaft zusammenbellt, habe ich die längste Zeit eine Hundepension gehabt. Er wird bei mir also drinnen schlafen müssen.«

»Wir werden einfach einen Probetermin vereinbaren. Bei der Pension, in der ich ihn im Moment unterbringe, schläft er in einer Hütte. Da ist er auch drinnen.«

Auf unserem gemeinsamen Spaziergang trafen wir zwei weitere Hunde, die den großen Maremmano ziemlich provozierend anbellten. Weder von deren Haltern noch von

Poldinos Frauchen erfolgte eine Korrektur. Kein Unterlassungskommando. Kein Ruck an der Leine. Wie sollte der Hund dann wissen, dass er gerade etwas falsch machte?

Da stand mir einiges an Arbeit bevor. Ich begann zu überlegen, wie weit ich mich verbiegen sollte, um neue Kunden zu gewinnen. Es wurde dringend Zeit zu überlegen, wo meine Grenzen anfingen.

*

Ich entschied mich, noch einmal in die Unterlagen vom Gewerbeamt zu schauen. Dort fand ich eine Gewerbeanmeldung fürs Finanzamt. Obwohl die Frau vom Finanzamt vor drei Monaten gesagt hatte, dass sie mir einen Fragebogen zuschicken wollte, war bis jetzt nichts angekommen. Also fiel die Entscheidung, den vorliegenden Fragebogen auszufüllen und ans Finanzamt zu schicken.

*

Duncan weilte bei uns. Als er pinkeln musste, öffnete er die Haustür und hinterließ ein Bächlein im Vorgarten. Ich fand es zwar sehr rücksichtsvoll von ihm, dass er nicht ins Haus pullerte, konnte es aber trotzdem kaum fassen. Dabei waren wir alle zu Hause! Ein *Zur-Gartentür-Laufen* hätte es auch getan! Jetzt mussten wir wegen Duncan überall die Türen verschließen. Der Weg zum Speicher wurde bereits mit einem Pixi-Ball blockiert. Irgendwann kamen wir aus unserem eigenen Haus nicht mehr raus!

*

Abends rief das Herrchen des kleinen Cairn Terriers an und lobte mich: »Als ich Rumpel gestern bei Ihnen abholte, war er super entspannt und zufrieden. Er hat den ganzen restlichen Abend friedlich geschlafen. Wir sind sicher, dass unser Rumpel bei Ihnen in den besten Händen ist und sehr froh, dass wir Sie gefunden haben!«

»Vielen Dank!« Etwas Schöneres konnte man mir gar nicht sagen. Genau diese Wertschätzung machte den Job zu etwas Besonderem und ließ mein Herz vor Freude. Ich wusste von Anfang an, dass ich mit einer Hundepension in dieser Größenordnung nicht reich werden würde. Aber das wollte ich gar nicht – sondern glücklich!

*

Mit Kimba zusammen besuchte ich seit über vier Jahren den Internationalen-Rasse-Jagd-Gebrauchshunde-Verband e.V. (IRJGV) in Grefrath. Wir absolvierten dort die Begleithundeprüfung, sowie den Leistungskurs Bronze. Das bedeutet: Grundgehorsam und Leinenführung funktionieren einwandfrei. Die Goldprüfung werden wir schludern, weil der Hund dafür perfekt bei Fuß gehen muss. Kimba hatte es sich jedoch angewöhnt, einige Schritte hinter mir zu laufen. Das kam wahrscheinlich daher, dass alle anderen Gasthunde eher nach vorn zogen, und er merkte, dass mich das regelmäßig auf die Palme brachte. Mir gefiel aber ein Hund, der hinter mir her trödelte, viel besser als einer, der mir halb den Arm auskugelte. Außerdem steht in allen Hunderatgebern, dass es ein Zeichen von Respekt sei, wenn der Hund hinterm Rudelführer läuft. Das bedeutete im Umkehrschluss, dass mich alle anderen Hunde nicht als Rudelführer ansahen. Hm, daran musste ich noch arbeiten! Rom wurde auch nicht an einem Tag erbaut!

Weil auf dem Hundeplatz viel Wissen vermittelt wird, und ich nirgendwo sonst die Möglichkeit erhalte, viele verschiedene Hunde miteinander in Kontakt zu erleben, absolvierte ich seit Beginn des Jahres dort eine Ausbildung zur Hundetrainer-Anwärterin.

*

An einem Samstag wurde ich zusammen mit Kimba zum Training der Junghunde eingeteilt. Von den sieben Mensch-Hund-Paarungen durfte immer ein Vierbeiner von der Leine gelassen werden. Die restlichen Hundefüh-

rer mussten darauf achten, dass der Freiläufer die angeleinten Hunde nicht bedrängte. Training des Abwehrverhaltens!
Die erste neugierige Fellnase schoss auf Kimba zu. Ich hatte mich ihm zugewandt und hielt ihn mit festem Blick auf seinem Platz. Er rührte sich nicht und legte die Ohren verunsichert nach hinten. Weil Kimba nicht reagierte, suchte der fremde Hund einen neuen Spielkameraden.

Birgit, die Trainerin, kam zu mir: »Du weißt, dass du gerade Kimba bestraft hast?«

»Wie bestraft? Hat doch geklappt! Ich habe Kimba davon abgehalten, zu dem jungen Hund zu laufen«, erwiderte ich.

»Aber dein Hund hat gar keine Anstalten gemacht hinzulaufen. Er blieb die ganze Zeit auf seinem Platz sitzen.«

Ich verstand die Kritik nicht.

Geduldig erklärte mir Birgit: »Mit deiner zugewandten Körperhaltung und dem fixierenden Blick hast du deinen Hund körpersprachlich *bestraft*. Kimba hat nicht verstanden, was er falsch machte. Deshalb legte er die Ohren ängstlich nach hinten. Du darfst den Hund nur dann mit Blick und Körperhaltung einengen, wenn er korrigiert werden muss. So lange er dein Kommando befolgt, schaust du ihn nicht an!«

»Na gut, wie hätte ich dann reagieren sollen?«, wollte ich jetzt wissen.

»Du musst den fremden Hund, der auf dich zugestürmt kommt, angucken! Mach dich groß, geh einen Schritt auf ihn zu! Wenn er darauf nicht reagiert, weise ihn mit energischem Zischlaut zurecht! Verteidige deine Individualdistanz! Aber nicht mit den Händen vor dem fremden Hund herumfuchteln, sonst beißt er dich noch! Dabei darfst du ruhig laut werden. Somit wird klargestellt, wer der Chef in der Mensch-Hunde-Beziehung ist.«

Wieder etwas gelernt! Wie ich finde, eine der wichtigsten Übungen! Hierbei lernt der eigene Hund, dass der Zweibeiner fremde Hunde abwehren kann und darüber entscheidet, wer sich nähern darf und wer nicht. Damit verschafft sich der Zweibeiner Respekt und wird vom Hund eher als Rudelführer anerkannt.

*

Diese Lektion brauchte ich bereits drei Tage später. Ich ging mit Duncan und Rumpel voraus, während mein Mann mit Kimba und dem Nachbarhund Diego nachkam. Wir trafen auf den freilaufenden Nox, einen schwarzen Labrador. Ich leinte zuerst Duncan ab, die beiden verstanden sich auf Anhieb. Alles klar!

Den kleinen Terrier ließ ich an der Leine, weil er wieder sehr laut knurrte, um *sein* Rudel zu beschützen. Dieses Gezeter provozierte Nox, er stürzte auf den noch angeleinten Terrier zu.

Jetzt kam mein Auftritt! Klar und bestimmt trat ich zwischen die beiden, baute mich groß vor dem Nachbarhund auf und machte ihm mit energischem »Gzsch!« klar, dass Rumpel unter dem Schutz meines Rudels stand. Nox blickte zwar unverwandt auf Rumpel, der nicht aufhörte zu knurren, kam aber nicht näher.

In diesen Wirrwarr schoss Diego, total begeistert darüber, so viele Kumpels auf einmal zu sehen. Perfektes Chaos!

Nach einer Weile beruhigte sich die Meute, und wir zogen weiter. Rumpel blieb noch einige Zeit angespannt. Leider verknüpfte er diesen Schreck mit Diego, denn er hörte nicht auf, diesen anzuknurren.

Selbst nach einem einstündigen Spaziergang ranzte Rumpel Diego im Garten immer noch an. Jetzt reichte es allerdings dem geduldigen Hovadoodle, und er verbellte

Rumpel, weil das auch *sein* Garten wäre. Manchmal sind Hunde wirklich wie kleine Kinder!

*

Mein jährlicher Tierarztbesuch mit Kimba stand an. Wir fuhren zur Praxis meiner Cousine Petra. Sie begrüßte mich mit einem freundlichen: »Na, wie geht es denn der Hundepensionsinhaberin?«

Woher wusste sie das bereits? Ah, der Familienfunk!

Sie gab mir noch einige gute Tipps für meine Pension und legte meine Flyer aus. Ihre Meinung zu meiner Pension: »Das ist genau das, was die Leute wollen! Ich habe viele Hundebesitzer, die eine Betreuung im familiären Kreis suchen.«

Na, das klang super!

*

Ende Februar rief mich die Dame vom Bauamt Viersen an. Spannung! Ihr erster Satz haute mich direkt aus den Latschen: »Ich habe hier einen Antrag auf Nutzungsänderung von Ihnen vorliegen. Aber es fehlt die Genehmigung des Veterinäramtes!«

Ich wartete erst einmal ab, ob da noch was käme. Gelächter im Hintergrund? Der Telefon-Joker? Irgendetwas! Ich sah mich bereits wie Asterix in Rom durch die Gänge laufen, um den Passierschein A38 zu ergattern. Da die Dame anscheinend auf eine Reaktion von mir wartete, musste ich sie wohl aufklären: »Das Veterinäramt stellt mir keine Genehmigung aus, wenn das Bauamt der Nutzungsänderung nicht zustimmt.«

»Wir können keine Genehmigung für einen Vorgang erteilen, für den der ursprüngliche Antrag noch nicht gestellt wurde. Das eine schließt das andere nicht aus. Stellen Sie beim Veterinäramt ruhig schon einmal den entsprechenden Antrag!«

Ich teilte ihr meine Verwunderung mit: »Warum soll ich einen Antrag bei einem Amt stellen, wenn mir das zweite Amt die für den Antrag notwendige Genehmigung nicht erteilt?«

»Na gut, ein Amt muss halt den Anfang machen. Allerdings ist Ihr Gewerbe ziemlich klein für diesen Aufwand.«

Na, das hatte sie nett formuliert. Zu Beginn der Ämterjagd wusste ich noch nicht, dass diese Formalitäten einen solchen Umfang annähmen. »Wie geht es denn jetzt weiter?«, fragte ich nach.

»Ich schicke Ihren Antrag zu den Kollegen des Oedter Bauamtes. Dort muss erklärt werden, ob gegen das Vorhaben irgendwelche Vorbehalte bestehen.«

»Beim Bauamt in Oedt war ich bereits. Der zuständige Kollege zeigte keinerlei Bedenken.«

»Tut mir leid, aber das brauche ich natürlich schriftlich von ihm. Er hat für die Beantwortung der Anfrage acht Wochen Zeit.«

»Acht Wochen?« Wieder wartete ich auf das Gelächter im Hintergrund. Das konnte sie nicht ernst meinen? Die Bürokratie legte uns vollkommen lahm! »Können Sie mir denn sagen, ob Bedenken bezüglich einer Genehmigung bestehen?«

»Das kann ich Ihnen natürlich noch nicht sagen. Ich glaube aber nicht, dass eine Änderung des Nutzungsrechtes nötig sein wird. Vielleicht können wir das über eine Freistellung regeln.« Mit dieser wertvollen Information beendete sie das Gespräch.

Immerhin etwas! Als mir bei der Nachricht Tränen in die Augen stiegen, spürte ich, wie sehr mir diese Ungewissheit unter die Haut ging.

*

Ich legte mir zwei Frisbeescheiben in den Farben pink und neon-gelb zu.

Kimba und Duncan dienten als Tester. Mein brauner Labrador wollte zunächst nicht hinter dem fliegenden Ding herrennen. Bei Duncan brauchte ich nicht lange zu fragen. Nachdem der schwarze Wildfang bereits viermal etwas zu fressen fürs Zurückbringen ergattert hatte, setzte auch Kimba zum Sprint an. Gleichzeitig schnappten die beiden Labradore zu und der Tanz begann. Links rum … rechts rum. Knurren! Ziehen … ziehen … ziehen. Knurren! Keiner gab nach. Schütteln … noch hektischeres Ziehen. Lauter Knurren! Die beiden tanzten im Kreis, zogen sich gegenseitig vor und zurück. Ich machte mir beinahe vor Lachen in die Hose. Letztendlich gewann Duncan. Als er mit seiner Trophäe bei mir ankam, wusste ich, wer verloren hatte: die Frisbeescheibe!

*

Nach Duncans Abfahrt erwartete ich zum ersten Kennenlernen eine komplette Familie mit ihrer grauen Labradorhündin Stella, eine relativ neue Farbzüchtung. Die Interessenten kamen durch die Empfehlung einer Freundin zu mir. Toll, wie *Dog-Holiday* seine Kreise zog!

Zur Familie gehörten zwei Mädchen im Alter von sechs und drei Jahren. Die jüngere war auf der Fahrt eingeschlafen und ziemlich quengelig. Ich kam gar nicht dazu, die Eltern oder den Hund in Ruhe zu begrüßen, weil erst einmal das Kind versorgt werden musste. Etwas zu trinken und zu essen musste her. Das Trinken schmeckte nicht, beim Essen wusste sie nicht, was sie wollte. Innerlich verdrehte ich die Augen – diese Phase hatten wir bereits hinter uns.

Stella, die Hündin, war noch ziemlich jung und ähnlich aufgedreht. Sie stand keine Sekunde still, flitzte von einer Hundedecke zur nächsten. Auf dem gemeinsamen Spaziergang beschnupperte die Hündin ausgiebig die fremde Umgebung und kam zurück, wenn sie gerufen wurde.

Das geschah allerdings sehr häufig. Die Mädchen machten sich einen Spaß daraus. »Stelllllaaaaa!« In einer Tonlage, die in den Ohren schmerzte. So können nur kleine Mädchen schreien! Stella kam in vollem Galopp angerannt. Darüber kreischten die Mädchen noch mehr und sprangen beiseite. Au, meine Ohren!

Kaum tobte Stella mit Kimba über den Acker, erscholl es wieder: »Stelllllaaaaa!« Die graue Labrador-Dame joggte heran, dicht gefolgt von Kimba. Die Mädchen kreischten wieder panisch – oder belustigt. Das war schwer zu unterscheiden. Dieses Spiel wiederholte sich eine Weile.

Die Eltern sagten dazu nichts, wahrscheinlich fiel ihnen das gar nicht mehr auf. Sie machten einen relativ entspannten Eindruck und unterhielten sich mit mir. Ich wurde rappelig bei dem ganzen Gekreische. Stella schien aufgedreht, aber glücklich!

Die Hündin wurde gebarft. Das bedeutete: Sie erhielt hauptsächlich rohes Fleisch zu fressen, ergänzt mit Gemüse und den notwendigen Mineralien. Kein Mehl! *Barfen* ist eine kleine Wissenschaft für sich und erfreut sich größer werdender Beliebtheit. Ich musste allerdings neidlos anerkennen, dass Stella einen extrem fitten Eindruck machte. Wunderschön glänzendes Fell, kein Gramm Fett. Sie gewänne bei *Germanys next Dogmodel* auf jeden Fall den ersten Platz!

Bei diesem Kennenlern-Termin wurde zum ersten Mal der Preis, den ich für die Betreuung verlangte, diskutiert. Ich hatte vor der Festlegung lange im Internet recherchiert und mit mir gerungen, wie hoch die Kosten angesetzt werden sollten. Ich musste auf jeden Fall preislich über den großen Tierpensionen liegen. Schließlich bot ich viel mehr Leistungen an: tägliches Spaziergengehen, Fellpflege, Medikamentengabe, Schmuseeinheiten, individuelle Betreuung, Trainingseinheiten im Garten. Bei mir alles inklusive!

Die Familie hatte einen Tag zuvor eine andere große Hundepension aufgesucht, die nur halb so viel kostete wie meine. Allerdings mit Zwingerhaltung. Ihre größere Tochter bekam vor dem Pensionsbesitzer eine Heulattacke und schrie ihn an, dass ihre Stella dort auf keinen Fall bliebe! Da wäre ich gerne dabei gewesen!

Das Frauchen entschied, dass sie dann lieber komplett auf Urlaub verzichten wollte. Ihr Mann hätte Stella dort untergebracht, aber er wiederum wollte eine glückliche Familie. Da ich die Qualitätsansprüche der Mädchen erahnte, fühlte ich mich geehrt, als sie am Ende ihres Besuches entschieden, dass Stelle bei mir bleiben dürfe.

Erkenntnisse des Monats:

- Niemals die Kraft der Gedanken unterschätzen!
- Leinenführigkeit mit einem Hund zu üben, während andere frei herumlaufen, ist ein Ding der Unmöglichkeit.
- Trainingseinheiten immer in kleinen Sequenzen starten, dann langsam die Intensität steigern.
- Die Wertschätzung, die ich durch zufriedene Zwei- und Vierbeiner erfahre, ist mehr wert als jede Bezahlung.
- Der Weg durch den deutschen Beamten-Dschungel erfordert viel Geduld und strapazierfähige Nerven.
- Die Vierbeiner sind oft pflegeleichter als die Zweibeiner.
- In dem Gespann aus Zwei- und Vierbeinern ist es meistens der Mensch, der ein Training braucht.
- Als Rudelführer muss ich auf den Spaziergängen stets die Umgebung im Blick halten und rechtzeitig auf mögliche Reize reagieren. Handy aus! Kopf an!
- Jeder Tag bringt etwas Neues.
- Die Beobachtung der Hunde ist die lohnenswerteste Trainingseinheit.

März 2016

Es lief … total verquer! Post vom Veterinäramt traf ein: »Anhörung wegen des Verdachts eines Verstoßes gegen §11 Tierschutzgesetz.« Das klang, als quälte ich Tiere! »Man könnte meiner Internetseite entnehmen, dass ich seit dem 01.01.16 gegen Entgelt Gasthunde bei mir aufnehme. Da ich hierzu noch keine Genehmigung erhalten hätte, beginge ich eine Ordnungswidrigkeit. Ich hätte bis zum 03.03. Zeit, mich dazu zu äußern.«

Fantastisch! Man gestattete mir volle zwei Tage! Wie großzügig! Grundsätzlich verstand ich die Anschuldigung, die Genehmigung fehlte! Aber an der Situation trug die Dame vom Gewerbeamt eine gewisse Mitschuld. Mit keiner Silbe erwähnte sie, dass zum Betreiben einer Hundepension eine Genehmigung erforderlich wäre. Wie ich mittlerweile gelernt hatte, gehörte das nicht zu ihren Aufgaben – wäre allerdings sehr hilfreich gewesen. Wer ein Gewerbe eröffnet, muss sich selbst schlau machen!

Zurück zur Möglichkeit einer Äußerung. Hier fackelte ich nicht lange, sondern wurde unverzüglich persönlich vorstellig. Mit Tränen in den Augen stand ich nach telefonischer Vorankündigung vor der zuständigen Sachbearbeiterin des Veterinäramtes und klagte mein Leid: »Ich reiße mir gerade wirklich ein Bein aus, um möglichst schnell alle Auflagen zu erfüllen. Leider arbeiten die Ämter recht langsam. Außerdem konnte ich erst für Juni einen Platz bei der Kölner Hundeakademie bekommen.«

Geduldig hörte sich die Dame alles an und zeigte sogar Verständnis für meine Verzweiflung. »Sie können den Antrag für die Hundepension ruhig schon stellen. Als Nachweis Ihrer Qualifikation könnten Sie ein Schreiben der

Hundeschule einreichen, für die Sie aktiv sind. Den Abschluss bei der Hundeakademie reichen Sie nach, wenn Sie damit fertig sind.«

»Okay, das wusste ich nicht. Darum kann ich mich sofort kümmern. Aber was mache ich denn bis dahin? Ich habe schließlich schon Kunden gewonnen, die ihren Hund bei mir fest eingeplant haben, wenn sie in den Urlaub fahren.«

»Sie dürfen keine Hunde gegen Entgelt aufnehmen, wenn Ihnen keine Genehmigung vorliegt«, ermahnte mich die Dame standhaft.

»Das bedeutet, dass ich für umsonst so viele Hunde aufnehmen kann, wie ich will? Und keinen würde es kümmern, ob ich dafür ausreichend qualifiziert wäre?« Mir blieb die Spucke weg. Ich könnte ganz hervorragende Arbeit leisten und alle Zwei- und Vierbeiner glücklich machen, oder ein ganzes Rudel Hunde bei mir in den Keller sperren. So lange ich kein Geld dafür nahm, krähte kein Hahn danach. Das sollte richtig sein? War das Tierschutz?

Darauf konnte meine Gesprächspartnerin nicht viel sagen, außer: »Na, wenn Sie das nicht ordentlich machen, beschweren sich sicherlich die Nachbarn. Spätestens dann schreiten wir ein!«

*

Ich schrieb postwendend eine WhatsApp an den Leiter der Hundeschule mit der Bitte, mir eine Bescheinigung über meine Tätigkeiten beim IRJGV auszustellen. Danach suchte ich den örtlichen Bürgerservice auf, um ein Führungszeugnis zu beantragen. Das liefe dann parallel. Was ich hab', hab' ich!

Die Dame beim Bürgerservice fragte vorausschauend, wofür ich dieses Führungszeugnis bräuchte. Ich dachte, es gäbe nur eins. Stimmte aber nicht. Also kurz gegoogelt und festgestellt, dass ein Führungszeugnis für Behörden benötigt wurde. Dieses sei viel umfangreicher, als ein polizeiliches Führungszeugnis, kostete dreizehn Euro und würde mir nicht ausgehändigt, sondern direkt ans Veterinäramt geschickt, damit es nicht manipuliert wurde. Ich könnte aber gerne dort Einsicht beantragen. Da ich bisher eine brave Bürgerin war, konnte in dem Zeugnis nicht viel drinstehen. Die Betonung liegt auf *bisher*! Bei diesem ganzen Behördenquatsch konnte selbst dem zahmsten Bürger die Hutschnur durchbrennen. Mir fiel spontan der Film *Falling Down* ein. Michael Douglas spielte einen umgänglichen Kerl, den man ihn immer mehr zur Weißglut trieb, bis er Amok lief. Aber so weit war ich noch nicht. Also, ran an den Schreibtisch und Anträge ausfüllen!

*

Beim Gassigehen hörten Rumpel und Kimba nicht auf mich, weil sie irgendeinen Mist fressen mussten. Trotz mehrmaligem Rufen kamen sie nicht zurück. Zurück im Haus, teilte mir mein Vater telefonisch mit, dass er mit Vorhofflimmern im Krankenhaus lag. Kaum legte ich auf, rief die Dame vom Bürgerservice an, ich hätte meinen Ausweis dort vergessen.

Das war zu viel auf einmal! Mir wurde abwechselnd heiß und kalt, ich fing an zu heulen und haderte mit der ganzen Welt. Ich befand mich mitten im Kampf um die Genehmigung meines Gewerbes und verzweifelte an der deutschen Bürokratie.

Auf einmal verschob sich die Gewichtung der Ereignisse. Ich fühlte mich unfassbar wütend und verletzt, aber vor allen Dingen plagte mich die Sorge um meinen Vater. Ich sollte dankbar für meine Gesundheit sein!

Jetzt war es vorbei damit, ein ruhiger, bestimmter Rudelführer zu sein. Sorry, Cesar Millan. Das klang in den Büchern immer schön einfach, aber im echten Leben lief nicht immer alles nach Plan. Ich musste mich abreagieren, sonst kochte ich über. Da half Musik. Laute Musik! Harte Musik! Ich drehte *AC/DC* voll auf, sprang bei *TNT, Thunderstruck, Hells Bells* und *Highway to Hell* wild durch die Wohnung, spielte Luftgitarre und erinnerte mich ans *Headbanging.* Dabei konnte ich alle Wut und Verzweiflung rauslassen. Morgen würde ich Nackenschmerzen haben. Egal!

Die Kinder bekamen es mit der Angst zu tun, die Hunde fanden es super! Prima Action! Jetzt noch eine große Tafel Milka Schokolade mit ganzen Nüssen – und ich pendelte mich langsam wieder in der inneren Mitte ein! Punkt 1 der Reiki-Lebensregeln: Gerade heute – ärgere dich nicht!

*

So, Homepage umgearbeitet. Nun öffnete meine Hundepension offiziell am 01.07.16, Belegungskalender sowie Facebook-Fanpage wurden eliminiert. Zu leicht wollte ich es der Dame vom Veterinäramt nicht machen. Wegen der Spionage musste ich besser auf das achten, was ich veröffentlichte! Der gläserne Mensch! Ob das Veterinäramt sich überhaupt meine Homepage unter dem Gesichtspunkt angeguckt hatte, wie die Tiere behandelt wurden? Wie besorgt ich um deren Schutz und Seelenheil war? Meiner Meinung nach betrieb ich mehr Tierschutz als diejenigen, die auf einen Stempel auf dem Papier beharrten!

*

In der Zwischenzeit machte ich mit denen weiter, die bereits gebucht hatten, legte aber jegliche Werbung auf Eis. Da lügen nicht zu meinen Stärken gehört und jeder in meinem Gesicht lesen kann wie in einem Groschenroman, präsentierte ich den bisherigen Kunden die ungeschönte Wahrheit über die aktuelle Rechtslage meiner Pension. »Ich darf für die Betreuung Ihres Hundes kein Geld mehr verlangen. Sie müssten also, bis zu meiner offiziellen Genehmigung, Ihren Hund woanders betreuen lassen. Oder ich stelle ein Schweinchen auf, in das Sie den Betreuungsbeitrag spenden.« Keiner brachte seinen Hund in eine andere Betreuung! Ein tolles Kompliment! Jetzt fühlte ich mich wie eine halbseidene Ganovin.

*

An einem Wochenende, an dem Duncan bei mir war, kamen meine Eltern zu Besuch. Mein Vater konnte zum Glück nach einem kurzen Eingriff aus dem Krankenhaus entlassen werden. Es ging ihm besser, allerdings wurde Schonung verordnet. Genau das Richtige für Duncan! Wie ein ausgebildeter Pflegehund blieb er stets an der Seite meines Vaters und stieß ihn vorsichtig mit der Pfote an, sobald er vergaß, das schwarze Fell zu streicheln.

Auch auf den Spaziergängen klebte der sonst so wibbelige Wildfang an ihm und mein Vater kam in den Genuss, den Futterbeutel für Duncan zu werfen. Hier hatten sich zwei gesucht und gefunden. Medizin fürs Herz – für beide Herzen!

*

Der darauffolgende Tag stand Rumpel als Gast vor der Tür, und es wurde wieder anstrengender, weil der grauhaarige Terrier dem Labrador Duncan unverändert nachstellte.

Der stand irgendwann vor mir, schaute mich mit seinen karamellfarbenen Robbenaugen flehend an. *Illi, jetzt tu was! Der kleine Kerl geht mir gehörig auf den Keks!* Das schaffte ich nur, indem ich Duncan in eine Ecke des Wohnzimmers verbannte, und Rumpel unter die Sitzbank schickte, die er zu seinem Lieblingsplatz auserkoren hatte. Allerdings hielt diese örtliche Verbannung nur so lange, wie ich mich als Schiedsrichter in der Mitte aufhielt. Wie kam ich jetzt bloß zur Toilette? Zum Glück wurde Duncan im Laufe des Vormittages abgeholt!

Bereits nachmittags traf Paula, die sanfte Labrador-Border Collie-Dame, ein. Gespannt wartete ich darauf, wie der unkastrierte Rumpel auf die Hündin reagierte, wenn er bereits bei einem kastrierten Rüden fast durchdrehte.

Pustekuchen! Paula strahlte eine große Selbstsicherheit aus. Als der Terrier zudringlich wurde, reichte ein kurzer Blick. *Rück mir bloß nicht auf die Pelle, Zwerg! Sonst kannst du dein blaues Wunder erleben!* Nicht aggressiv, einfach nur bestimmt – und Rumpel verstand sie. Der grauhaarige Kerl knurrte nicht, kein Bespringen, es wurde noch nicht einmal am Hintern geschnuppert. Er traute sich gar nicht an Paula ran. Bei ihr müsste Duncan zur Nachhilfe gehen!

*

Kurze Zeit später zog ich bei trocken kaltem Wetter mit Kimba sowie dem kernigen Terrier in den Wald. Das perfekte Terrain für Spuren-Schnüffel-Rumpel. Mir fiel auf, dass er sehr darauf achtete, dass ich folgte und in seiner Nähe blieb. Er hielt mich stets im Blick. Außerdem bewunderte ich ihn dafür, wie er, trotz der kurzen Beine, äußerst elegant über Wassergräben sprang. Dann wartete er, bis ich – deutlich weniger elegant – hinterherkam.

Kimba tobte im Wald ebenfalls wild durch die Gegend, bis er auf eine Fährte stieß. Auch wenn er beim Ballsuchen nicht glänzte, bedeutete eine Wildspur ein anderes Kaliber. Kimba rannte los, dem Rehduft hinterher. Mein Rückruf kam einen Tick zu spät, und blitzschnell war er außer Reichweite. Rumpel blieb vorbildlich bei mir. Er guckte mich an, als ob er sagen wollte *Das gibt's doch gar nicht! Wie kann er es nur wagen, sich deinem Ruf zu widersetzen?* Zum Schieflachen – als wäre er selbst der besterzogene Hund!

Zum Glück verlor Kimba die Rehspur recht bald und kam enttäuscht zu mir zurückgetrottet.

*

Ich erhielt den Anruf einer neuen Interessentin, die eine Empfehlung von meiner Cousine, der Tierärztin, erhalten hatte. Sie suchte für ihren acht Monate alten Shiba Inu namens Moet eine Betreuung. Diese Rasse musste ich ebenfalls googeln. Sie kommt ursprünglich aus Japan und ähnelt einem sibirischen Husky – nur in kleiner Form. Wir verabredeten uns für dic kommende Woche, eventuell sollte Moet sofort bei mir übernachten. Wie schön, ich freute mich!

*

So gefügig, wie Rumpel sich letztens im Wald zeigte, so dickköpfig führte der Terrier sich an einem anderen Tag auf. Erst lief er mir im Wald zu zwei anderen Hunden davon. Die hatte ich jedoch vor ihm gesehen und die Situation als unkritisch eingeschätzt. Also blieb ich ruhig und entspannt, aber Rumpel kam auf mein Rufen nicht zurück. Das hieß für mich: los und holen! Und für ihn: ab an die Leine! Aber Leinenführigkeit ging nicht. Mein ständiges »Gzsch!«, das Rucken an der Leine, mich in den Weg stellen – nichts half, und mein Geduldsfaden wurde sekündlich dünner.

Wir kamen nur im Schneckentempo voran, weil Rumpel jeden Grashalm akribisch untersuchen musste. Mittlerweile vermutete ich, dass der Cairn Terrier diese störrischen Tage immer dann bekam, wenn in der Umgebung ein Weibchen läufig war. Dann liefen seine Hormone auf Volldampf, er schaltete auf Selbsterhaltungstrieb und vergaß die Welt um sich herum. Ich lernte: Auch Rüden haben ihre Tage!

Zu Hause führte ich mit ihm Unterordnungs-Übungen durch wie: *Platz!*, *Hier!* Ich brauchte einen sehr langen Atem, bis er die Kommandos ausführte. Jede Pore seines struppigen Fells strahlte Widerwillen aus. Am Ende wollte er nicht ins Haus kommen. Dreimal forderte ich ihn auf, dreimal blieb Rumpel stocksteif im Garten sitzen.

Als ich zum vierten Mal rausging, provozierte er den Nachbarhund und pflanzte sich direkt vor dessen Terrassentür. Jetzt platzte mir der Kragen! Ich schnappte mir den Widerspenstigen, putzte ihm energisch die Pfoten ab und verfrachtete ihn nach drinnen. Für den Rest des Tages wurde er ignoriert. Terrier! Puh! Solche Dickschädel!

*

Eines Morgens schellte es an meiner Haustür.

»Schönen guten Tag, ich bin vom Veterinäramt. Darf ich reinkommen?«

Mein Puls schnellte direkt auf 140. Oh nein, das Veterinäramt! Ohne Ankündigung! Bei mir zu Hause waren: Kimba – und der schwarze Labrador Theo! Das durfte nicht wahr sein! Ich atmete mehrmals tief durch, schob die Hunde ruhig vom Eingang weg und bat die junge Frau herein. »Sind Sie aufgrund meines Antrages hier? Den habe ich erst letzte Woche abgeschickt«, wollte ich wissen.

»Nein, von einem Antrag weiß ich nichts, ich habe Ihnen aber einen mitgebracht. Wenn sie den bereits ausgefüllt haben, kann ich ihn wieder mitnehmen. Ich bin Tierärztin und wurde vom Veterinäramt Viersen beauftrag, mir Ihre Räumlichkeiten anzusehen, weil Sie eine Hundepension eröffnen wollen.«

Theo himmelte die Dame in seiner ruhigen Art an, auch Kimba zeigte sich von seiner besten Seite und brachte einen Schuh, den sie lachend entgegennahm.

Da sie immer noch im Flur stand, bat ich sie ins Wohnzimmer: »Kommen Sie durch, dann kann ich Ihnen den Garten zeigen!«

»Das brauchen Sie nicht. Ich sehe, dass hier alles in Ordnung ist. Haben Sie einen Keller?«

»Nein, wir haben vor 16 Jahren ohne Keller gebaut, wegen des hohen Grundwasserspiegels hier in Grefrath.«

»Das habe ich schon öfter gehört. Hier ist alles gut. Ich schreibe einen kurzen Bericht fürs Veterinäramt. Haben Sie soweit alle Unterlagen zusammen?«, fragte sie interessiert.

»Leider nein. Ich wusste nicht, dass eine kleine Pension so viel Schriftkram nach sich zieht. Ich warte auf den Bescheid vom Bauamt. Außerdem muss ich noch einen Nachweis über meine Qualifikation erbringen«, seufzte ich.

Da gab sie mir noch einen wertvollen Tipp. »Halten Sie schon länger große Hunde?« Sie wies auf die treuherzig dreinblickenden Labradore. Als ich zustimmend nickte, fuhr sie fort: »Dann können Sie sich eine Bestätigung Ihrer Tierärztin darüber ausstellen lassen, wie lang Sie bereits Halterin von großen Hunden sind. Das könnte weiterhelfen!«

Das wäre für mich kein Problem. Schade, dass nicht alle so hilfsbereit und mitdenkend waren wie diese Tierärztin. Da offenbarte sich der Unterschied zwischen Theorie und Praxis. Sie hatte mit nur einem Blick gesehen, dass es den Hunden bei mir gutging.

*

Mitte März erhielt ich einen Anruf vom Veterinäramt – wieder eine andere Dame. »Guten Tag! Ich habe Ihren Antrag auf Eröffnung einer Hundepension gem. §11 Tierschutzgesetz auf dem Tisch liegen. Ich bin zwar nicht die endgültige Bearbeiterin, die ist für vier Wochen in Urlaub, aber ich hätte vorab zwei Fragen. Zum einen: Was ist denn mit der Genehmigung vom Bauamt? Zweitens: Wie sieht es denn mit einer Vertreterregelung aus?«

Wie gut, dass ich saß, sonst wäre ich vom Stuhl gefallen. Ich kam mir vor wie bei: *Versteckte Kamera* oder *Und täglich grüßt das Murmeltier.* Das kann nicht ernst gemeint sein? So viele *Oms* konnte ich innerlich überhaupt nicht rezitieren, um mich darüber nicht aufzuregen. Also … erzählte ich meine Geschichte erneut, die Kurzversion: »Die Sache beim Bauamt läuft bereits – das Veterinäramt ist darüber informiert. Außerdem war bereits letzte Woche jemand vom Veterinäramt bei mir zu Hause, um meine Räumlichkeiten in Augenschein zu nehmen.«

»Ach, tatsächlich? Davon steht gar nichts in den Akten!«

Ich rollte mit den Augen. »Außerdem verstehe ich nicht, was Sie mit einer Vertreterregelung meinen. Ich möchte auf zwei Hunde zusätzlich aufpassen. Wenn ich mit Bein ab im Krankenhaus liege, kann ich mit meinem Hund auch nicht mehr gehen. Dann habe ich ein größeres Problem. Alle übrigen Krankheiten muss ich als Hundehalter irgendwie hinbekommen. Ein bisschen Gassi gehen klappt auch mit Schnupfen oder Fieber.«

»Das muss aber geregelt sein!«, beharrte die Dame vom Amt.

»Tja, wenn ich krank werde, passt mein Mann auf die Hunde auf.«

»Hat der denn all die Qualifikationen, die Sie haben?«

»Er ist sogar noch länger Hundebesitzer als ich.«

»War er bei der Kölner Hundeakademie?«

»Nein, war er nicht. Muss er all die Schulungen ebenfalls vorweisen?«

»Natürlich!«

Ziemlich kleinlich für zwei Hunde! Ich mag Gründlichkeit. Man sollte nicht zu blauäugig durch die Weltgeschichte laufen. Aber die Hunde wären trotzdem betreut. Da kam mir eine Idee. »Ich habe einen Passus in meinem Betreuungsvertrag, in dem die Hundehalter mir jemanden angeben müssen, für den Fall, dass sie nicht aus dem Urlaub zurückkommen. An denjenigen könnte ich den Hund weitergeben, wenn ich mit Bein ab im Krankenhaus liege.« Ich fand es praktisch!

Die Frau vom Amt klang nicht überzeugt. »Das wäre aber nicht üblich.«

Ach! Was war denn üblich, bei einer dermaßen kleinen Geschäftseröffnung? Anscheinend gab es noch kein stringentes Konzept, bei all diesem Hin und Her.

Nach einiger Überlegung lenkte sie ein. »Das müssten Sie mir aber schriftlich einreichen.«

Bitte, das wäre das kleinste Problem! Also setzte ich ein nettes Schreiben auf und änderte den Passus im Hundebetreuungsvertrag entsprechend.

*

Dann fuhr ich mit meiner Familie – ohne Hund – in die wohlverdienten Osterferien! Handy aus! Keine merkwürdigen Fragen mehr!

*

Ostermontag. Zum Glück kehrten wir alle mit heilen Knochen aus dem Skiurlaub zurück.

Paula und Duncan zogen bei mir ein. Eine schöne Dreiergruppe, auch wenn Duncan mit seiner wibbeligen Art immer noch Unruhe reinbrachte. Ob das jemals aufhörte? Er wird bald acht Jahre!

Duncan steckte Paula mit seiner Frisbee-Begeisterung an, die wollte aber lieber mit Kimba Fang mich, die Frisbeescheibe kriegste nicht! spielen. Darüber geriet Kimba völlig aus dem Häuschen, und Duncan verstand die Welt nicht mehr. Ich sah es in seinem Kopf arbeiten. »Da hat sie das Frisbee und haut damit ab? Wenn sie die Scheibe zur Illi brächte, gäbe es haufenweise Leckerlis. Warte, ich zeig's ihr nochmal!« Er düste los, schnappte die Scheibe im Flug und brachte diese stolz zu mir zurück. Zur Belohnung durfte er die Schnauze im Futterbeutel versenken.

Paula hatte sich alles genau angeguckt. Sie flitzte zum Frisbee, ergatterte diesen als erste und rannte weg. Kimba hinterher. In einigem Abstand ließ Paula die Scheibe fallen, Vorderbeine runter, Popo hoch, Rute wedelte im Staccato. *Los, schnapp sie dir! Lahmarsch!* Kimba setzte zum Sprung an, Paula packte zu und rannte weg. Auf zur nächsten Runde!

Duncan guckte verwirrt aus der Wäsche. Manchmal sprachen Hunde unterschiedliche Dialekte!

*

Ende März klingelte das Telefon: das Veterinäramt! Wieder eine unbekannte Stimme. Wie sich im späteren Gespräch herausstellte, handelte es sich um die Tierärztin, die mich zu Hause besucht hatte.

»Es tut mir leid, aber so, wie Sie sich das mit der Vertreterregelung gedacht haben, reicht es nicht.«

Meine Illusion zerbröselte wie eine Seifenblase. Oh, mein Gott! »Warum denn nicht?«

»Sie wissen gar nicht, ob die Person, die in Ihrem Vertrag genannt wird, wirklich existiert.«

Nicht im Ernst! Wenn diese Frau bei ihrem Besuch nicht so nett gewesen wäre, hätte ich jetzt aufgelegt.

Sie war aber immer noch bemüht, mir zu helfen. »Ihren Mann können Sie nicht nehmen, weil der die Nachweise nicht hat. Aber Sie könnten ihn als Unterstützung angeben. Dann haben Sie es später leichter, wenn Sie das Pensionsgeschäft vergrößern wollen.«

Ich schnaubte kurz. Um solche Probleme könnte ich mich später kümmern. Ich brauchte eine Lösung für *Jetzt*!

»Im Notfall können Sie die Hunde im benachbarten Tierparadies abgeben.«

»Hm, ich kann mir nicht vorstellen, dass die Kunden, die ihre Hunde zu mir in eine familiäre Betreuung geben, begeistert von der Idee sind, wenn ich die geliebten Vierbeiner in die große Hundepension verlege«, erwiderte ich.

»Was ist denn, wenn in einem Notfall mein Mann die Betreuung übernimmt – aber unentgeltlich?«

»Das finde ich ziemlich unpraktisch. Wie wollen Sie das denn in Ihrem Vertrag formulieren? Sie gehen doch bald zum Seminar nach Köln? Dort treffen Sie auf Gleichgesinnte! Vielleicht könnte davon jemand als Vertreter einspringen?«

Das fand ich allerdings ziemlich weit hergeholt. »Ich glaube nicht, dass ich auf dem Seminar die Zeit finden werde, geeignete Kandidaten dafür zu finden. Außerdem kommen die Teilnehmer aus vielen verschiedenen Gebieten um Köln herum. Da könnten ziemlich große Entfernungen zwischen uns liegen. Hier in Grefrath habe ich eine Bekannte, die seit Anfang des Jahres eine private Hundepension führt. Die könnte einspringen.«

»Hat die Bekannte schon die Genehmigung des Veterinäramtes?«

»Leider, nein!« Mist, da hatte ich in dem Moment nicht dran gedacht.

Letztendlich einigten wir uns folgendermaßen: Die in meinem Hundebetreuungsvertrag genannte Vertrauensperson soll den Vertrag unterschreiben. Dann wäre sichergestellt, dass sie existierte und darüber hinaus darauf vorbereitet wäre, im Notfall den Hund zu übernehmen. Ende! Eine Bomben-Lösung!

Der beste Satz von ihr aber kam zum Schluss: »Ich an Ihrer Stelle hätte keinen Antrag gestellt!«

Ich dachte, ich hätte mich verhört.

Erkenntnisse des Monats:

- Manchmal hilft wirklich nur Schokolade – und Musik!
- Ein Tier zu streicheln ist Balsam für Herz und Seele!
- Auch Rüden kriegen ihre Tage!
- Man kann Dinge auch komplizierter machen, als sie eigentlich sind.
- Hunde sprechen unterschiedliche Dialekte.
- Bei der Lösung von Problemen ist Kreativität gefragt.
- Mit der Wahrheit kommt man weiter!

April 2016

In der zweiten Osterferienwoche ergänzte Spike mein Mini-Rudel, ein Australian Shepherd, kurz Aussie. Er gehört einer Trainerkollegin aus der Hundeschule und gehorcht aufs Wort – dachte ich!

Als Paula ihn recht stürmisch begrüßen wollte, verpasste er ihr einen warnenden Schnapper. Das nahm Paula leider nicht richtig ernst, näherte sich erneut und erntete einen zweiten Rüffel, in Form von lautstarkem Geknurre, gepaart mit lautem Zähnegeklapper. Das wiederum fand Paula unhöflich und setzte sich zur Wehr. Sie knurrte zurück, bellte und schnappte ihrerseits nach Spike, sodass die Hundehaare flogen. Au weia!

Ich musste die beiden trennen, indem ich Paula am Nacken packte und zwischen die Hunde trat. Sie beruhigte sich relativ schnell, Spike blieb angespannt.

Wie lautete die goldene Regel? Richtig – Bewegung! Also gingen wir spazieren.

Spike ging unerwartet schlecht an der Leine, zog ständig nach vorn. Das kannte ich vom Hundeplatz ganz anders. Aber ich war schließlich nicht sein Frauchen. Diese arbeitete sehr stark mit Körpersprache. Ihrer Meinung nach kamen die oft sensiblen Aussies damit deutlich besser zurecht als mit lauten Worten.

Als ich die Leinen endlich löste, entspannte sich die Lage zusehends. Spike lief immer vornweg, was typisch für Aussies ist. Paula suchte zwar immer wieder den Kontakt zu ihm, aber deutlich vorsichtiger. Sie schlug einen respektvollen Bogen. Die Lektion hatte also gesessen! Spike nahm jedes Wasserloch mit, um sich danach durch die Blätter zu wühlen. Nach kurzer Zeit sah er aus wie ein kleines Dreckschwein – aber glücklich!

Diese Dreierkombination blieb fünf Tage zusammen. Ich lernte, dass es für alle eine Erleichterung bedeutete, wenn die Hunde in einer Konstellation zusammenblieben. Dann hatten die Vierbeiner Zeit, sich aneinander sowie an meinen Tagesablauf zu gewöhnen.

Morgens und mittags unternahmen wir lange Spaziergänge, abends eine Fahrradtour. Da alle drei gerne liefen, konnten wir dabei die angenehmen Temperaturen genießen. Die Luft duftete nach Frühling, was die nervigen Mücken und Bremsen bisher nicht mitbekommen hatten. Problemlos konnte ich die kleine Hundemeute mit einem langgezogenen »*Hiiieeer!*« zu mir rufen. Zackig saßen alle im Halbkreis um mich herum. Dann fühlte ich mich ein bisschen wie eine richtige Hundeflüsterin, und es gab ein extra großes Lob!

*

Eigentlich kann ich ziemlich gut organisieren. Die Betonung liegt auf *eigentlich*. Als Ausnahme erwies sich ein komplett vollgestopfter Tag mit zwei Kennenlern-Terminen, Paula sollte abgeholt werden und Rumpel sowie Duncan sollten beide kommen.

Deshalb startete ich meine erste Runde mit Kimba, Rumpel und Paula frühzeitig. Um 9:00 Uhr traf die Foxterrier-Dame Wendy mit ihren Zweibeinern zum Kennenlernen ein. Also, alle wieder raus. Gerade als wir nach Hause zurückkehrten, traf Paulas Herrchen ein, um sie abzuholen. Die Wiedersehensfreude warf ihn um. Lachend empfahl er mich sofort weiter, sodass die Besitzer von Wendy gar nicht anders konnten, als die Hündin für einen dreitägigen Urlaub bei mir einzubuchen. Hatte es vielleicht auch Vorteile, wenn sich Termine überschnitten?

Die beiden Terrier, Rumpel und Wendy, verstanden sich super – wie Topf auf Deckel. Zwar wurde es beim Toben etwas lauter, aber das tat der Liebe keinen Abbruch. Nachdem Wendy uns mit ihren Haltern wieder verlassen hatte, stieß Duncan dazu, und ich startete mit meinem Standardtrupp Kimba, Rumpel, Duncan den dritten Spaziergang. Danach brauchte ich eine Pause!

Nachmittags traf Moet ein, der junge Shiba Inu, mit seinem wunderschönen fuchsroten Fell und dem gekringelten Schwanz. Den Jungspund musste ich an der Leine lassen, weil er sonst weglief. Drei fremde Hunde auf einmal bedeuteten eine ordentliche Herausforderung für den kleinen Kerl, aber er schlug sich wacker. Er besaß sogar die Frechheit, mir drinnen vor die Sitzbank zu pinkeln. Beim zweiten Ansatz reagierte ich schnell genug und konnte es unterbinden, indem ich ihn nach draußen verscheuchte. Ob er mit neun Monaten noch nicht stubenrein war? Wirkte eher wie Dominanzverhalten. Das fand ich natürlich nicht prickelnd und musste ihn ständig im Auge behalten, wenn meine Möbel diesen Besuch unbeschadet überleben sollten.

*

Post vom Bauamt Viersen. Die Damen und Herren des Bauamtes sahen sich leider nicht in der Lage, mir meine beantragte Baugenehmigung für das Vorhaben Hundepension in Aussicht stellen zu können. Begründung: »Eine Hundepension ist nach der allgemeinen Rechtsauffassung kein nicht störender Gewerbebetrieb. Somit ist bei der Begegnung mit fremden Hunden oder beim Passieren der Grundstücke während der Spaziergänge mit massivem Lärm zu rechnen. Weiterhin ist der An- und Abfahrtsbetrieb, wenn die Hunde zur Betreuungsstelle gebracht bzw. wieder abgeholt werden, mit Störungen für das wohnliche Umfeld verbunden. Mit freundlichen Grüßen, ihr Bauamt.«

OOOOMMMM!

Wie gut, dass ich bereits unzählige Yogakurse belegt hatte, sodass ich nicht sofort einen Herzkasper bekam. Beim Passieren der Wohnhäuser war mit *massivem* Lärm zu rechnen? Ich wollte keine Autobahn bauen! Auf meinem normalen Spaziergang passiere ich sechs Wohnhäuser. Da wohnt exakt ein anderer Hund. Wer soll dabei *massiv* aufgeregt werden? Der rege Betrieb vor meinem Haus ist überschaubar. Ich denke, dass ich auf einen Parkplatzeinweiser verzichten kann.

Da machte ich etwas wirklich Gutes: für mich, für die Hunde, für die Hundebesitzer. Alle waren glücklich! Nur auf dem Papier, gemäß unserer Rechtsordnung, verhielt ich mich ordnungswidrig. Ich versuchte das meinen zwei Töchtern zu erklären: »Eure Mama macht etwas, was gegen das aktuelle Recht verstößt. Dabei habe ich überhaupt nicht das Gefühl, etwas Unrechtmäßiges zu tun, weil niemand geschädigt wird!« Wie komme ich aus der Nummer nur heraus?

*

Auch wenn ich jegliche Werbung eingestellt hatte, meldeten sich immer weiter Interessenten bei mir, die auf Empfehlung kamen. Dieses Mal besuchte mich ein Pärchen mit ihrem Kangal Raschid, meine Tierärztin schickte sie zu mir. Raschid wurde nur mit Stachelhalsband geführt, er ist ein Brocken von einem Hund. Groß, sandfarben, mit kurzem Fell und einer schönen schwarz gefärbten Schnauze. Auf den ersten Eindruck wirkte er ruhig und kam mit Kimba gut zurecht.

Wir gingen eine kleine Runde spazieren, sehr viel Auslauf brauchte Raschid nicht. Das Herrchen ließ ihn an einer Stelle von der Leine ab, wo die Felder gut überschaubar waren und sich niemand in unmittelbarer Umgebung bewegte. Ein Kangal ist eine speziellere Rasse. Diese steht in NRW zwar nicht auf der Liste für *gefährliche Hunde*, es ist allerdings nicht einfach, einen Kangal zu halten. Er ist sehr dominant, selbstbewusst und unabhängig. Ursprünglich wurde diese Rasse in der Türkei als Hütehund gehalten. Dort ist er in der Regel auf Selbstversorgung angewiesen und besitzt deshalb einen ausgeprägten Jagdtrieb. Für ihn stellte meine Familie seine zu beschützende Herde dar. Da ich Kangals bisher nicht kannte, vereinbarten wir ein Probewochenende im Mai. Seine Besitzer planten im August für zwei Wochen in Urlaub zu fliegen. Bei einem so langen Zeitraum wollte ich vorher testen, ob ich mit dem Hund zurechtkam.

*

Ich musste mich dem Feind stellen! Deshalb fuhr ich zum zuständigen Sachbearbeiter des Bauamtes in Viersen, um meine Sicht der Lage zur Anhörung zu bringen. Eine Freundin hatte mir zwar geraten, lieber direkt einen Anwalt mitzunehmen, aber ich wollte es zuerst mit einem persönlichen Gespräch versuchen. Die härteren Geschütze hob ich mir für den absoluten Ernstfall auf. Da die Gefahr bestand, dass ich mein Anliegen zu emotional formulierte, nahm ich meinen Mann mit, der zum einen ebenfalls Beamter und zum anderen der rationelle, logische Part in unserer Beziehung ist.

Wir hatten telefonisch einen Gesprächstermin vereinbart. Nach einer freundlichen Begrüßung kamen wir direkt zur Sache. Ich wurde jedoch durch die Tatsache eingeschüchtert, dass der Bearbeiter eine Vorgangsmappe mit meinem Namen auf dem Schreibtisch liegen hatte, die sowohl Textauszüge, als auch Fotos von meiner Homepage enthielt. Er hatte mich ausspioniert! Das Internet als unerschöpfliche Informationsquelle war zwar absolut hilfreich, allerdings verfügte die Gegenpartei über dieselben Hilfsmittel.

Egal! Ich startete mit meiner doch recht emotionalen Sicht der Dinge: »Ich kann diese ganzen Auflagen gar nicht verstehen. Bis vor kurzem hatte ich selbst zwei Hunde. Wenn ich mir noch einen dazu kaufen würde, könnte mich niemand daran hindern. Dabei wäre dieselbe Lärmbelästigung für die Nachbarschaft entstanden wie mit der geplanten Hundepension.«

Zur Verstärkung argumentierte Bernd: »Wir wohnen in direkter Feldrandlage. Die Belästigung der Nachbarn wäre absolut marginal.«

Wie zu erwarten zeigte sich der Bearbeiter den Argumenten meines Mannes viel eher zugetan als meinen bauchgesteuerten Ergüssen. »Dem Amt geht es in erster Linie darum, das öffentliche Recht zu schützen. Dabei haben persönliche Anliegen das Nachsehen.« Er machte eine Pause und überlegte. »Machen Sie mir ein neues Schreiben fertig! Darin schildern Sie mir detailliert Ihre Qualifikationen, und – was noch wichtiger ist – fügen Sie Unterlagen zu Ihrer Umgebung bei. Lagepläne oder Ausdrucke aus Google-Maps, die belegen, dass das öffentliche Wohlergehen – wie Ihr Gatte so schön formuliert hat – nur marginal berührt wird! Wenn ich die Unterlagen habe, bringe ich Ihr Anliegen noch einmal ins Gespräch.« Als er in meine Augen blickte, fügte er direkt hinzu: »Ich bin allerdings nicht besonders zuversichtlich. Machen Sie sich bitte keine allzu großen Hoffnungen!«

Da könnte man auch einem Labrador den Rinderknochen vor die Nase halten und sagen: »Das ist ein toller Knochen! Den bekommst du wahrscheinlich nicht!« So, wie der Hund sich nur noch an dem Gedanken »Rinderknochen« festbisse, blieb bei mir das Wort »Hoffnung« hängen. Alles andere fiel hintenüber.

Mein Mann startete einen letzten Versuch: »Wie wäre es, wenn Sie eine Genehmigung auf Probe ausstellen? Falls es zu Beschwerden in der Nachbarschaft kommt, können Sie die Genehmigung einfach wieder entziehen?«

Dieser kreative Vorschlag überraschte den Bearbeiter sichtlich. »Tut mir leid, aber das ist in unserem Rechtssystem nicht vorgesehen!«

Mehr konnten wir nicht erreichen.

*

Mittags schlenderte ich mit Rumpel und Kimba zur Niers. Es tat meiner aufgewühlten Seele gut, den träge dahinlaufenden Fluss zu beobachten. Bis zu dem Punkt, an dem ich plötzlich den Kontakt zu Rumpel verlor. Der kleine Terrier-Kopf schaltete von einer auf die andere Sekunde auf Arterhaltungstrieb, die vier kurzen Füße gehorchten umgehend und flitzen davon – mit dem Rest von Rumpel. Und ich hinterher! Man, ist der Kerl schnell!

Es half kein Rufen, Betteln, Flehen, Schreien, Fluchen. Zum Glück trug ich Joggingschuhe – zum Unglück war ich total untrainiert und machte bereits nach kürzester Strecke schlapp. Oh Gott, wenn jetzt ein Auto käme, ein Fahrrad oder ein anderer Hundhalter? Das wäre noch das Beste, dann könnte ich rufen: »Halten Sie den Hund fest!« Aber es kam keiner!

Rumpel bog am Ende der Straße nicht nach rechts ab, wo es zu seinem Zuhause gegangen wäre, sondern nach links. Wo wollte der bloß hin? Was, wenn ich ihn bis zur großen Landstraße nicht einholte? Meine Gedanken fuhren Karussell, das Herz hämmerte in der Brust.

Schließlich *verschnüffelte* sich Rumpel in einem Hinterhof, wo ich ihn mit Kimbas Hilfe einzingelte und zu fassen bekam. Voller Erleichterung, den kleinen Kerl wieder an der Leine zu haben, vergaß ich, ihm ordentlich die Leviten zu lesen.

Auf dem Rückweg ging er allerdings ziemlich kleinlaut hinter mir. Er spürte meine Emotionen, die heftig schwankten. Was fiel dem kleinen Kerl bloß ein? Wie konnte der mir nur weglaufen? Als hätte ich sonst keine Probleme! Gleichzeitig war ich froh, dass dem Terrier nichts passiert war. Wie hätte ich das nur seinen Haltern erklären sollen? Vielen, vielen Dank an alle Schutzengel!

*

Immer noch tief getroffen wegen der Sache mit dem Bauamt, kam mir plötzlich eine Eingebung. Ich meinte mich zu erinnern, dass das Herrchen von Scoopy, dem kleinen Cavalier King Charles Spaniel, früher beim Amt gearbeitet hatte. Vielleicht kannte er noch jemanden? Da ich genau zum Zeitpunkt dieser Idee an dessen Haustür vorbeikam, zögerte ich nicht lange, sondern schellte unangemeldet, mit Kimba und Rumpel im Schlepptau.

Die Eheleute aßen gerade mit ihrer Enkelin zu Mittag, baten uns drei aber gastfreundlich herein. Nur Scoopy verhielt sich wählerischer, er wollte Rumpel nicht hereinlassen – aktuell stieß er bei mir damit auf großes Verständnis. Schließlich musste der Spaniel sich fügen, und die Hunde wurden in den wunderschön angelegten Garten samt Naturwasserlauf entlassen.

Ich hatte gerade begonnen, meine Probleme zu offenbaren, als ich von meinem klitschnassen Labrador unterbrochen wurde. Nach einem Sprung in den Gartenteich, durchsuchte der Übeltäter das Haus nach mir. Dabei hinterließ er eine schöne lange Wasserspur. Oh Boden, tu dich auf!

Scoopys Besitzer behielten eine beneidenswerte Ruhe. Ich bekam ein Handtuch in die Hand gedrückt und wurde mit dem pladdernassen Kimba in den Garten geschickt. Das Enkelkind wischte drinnen alles wieder trocken.

In der Zwischenzeit ließ ich meine Gedanken kreisen. Was machte ich hier bloß? Hatte ich die Sache mit den Hunden überhaupt im Griff? Im Moment konnte ich diese

Fragen nur mit einem klaren *Nein* beantworten. Vielleicht schwirrten nur Flausen durch meinen Kopf? Die Verantwortung für fremde Hunde zu übernehmen war kein Kinderspiel. Jeder Hund tickte anders. Dass das Veterinäramt auf einen ordentlichen Qualifikationsnachweis bestand, konnte ich mittlerweile nachvollziehen. Man musste ein erfahrener Hundehalter sein. Ein Rudelführer. Ein *Cesar Millan* oder *Martin Rütter*. Konnte ich das schaffen? War ich nicht viel zu weich und sensibel, um ein strenges Regime zu führen? Aber genau das brauchten die Hunde, wenn sie in einem Rudel zusammenlebten. Jemanden, der die Chefposition ausfüllte!

Nach dem Essen kam das Herrchen des kleinen Spaniels zu mir in den Garten und hörte sich mein Leidwesen an. Wie das Schicksal es wollte, kannte er den ehemaligen Leiter des Bauamtes. Kurzentschlossen fand ein Telefonat statt und Scoopys Herrchen legte den Sachverhalt dar. Er hörte eine Weile zu und beendete dann das Telefonat.

Aufgeregt hing ich an seinen Lippen, als er das Gespräch wiedergab: »Mein Bekannter wird auf der Sitzung am kommenden Montag ein gutes Wort für dich einlegen. Du sollst ihm den Anhörungsbogen, den du vom Bauamt erhalten hast, mailen.«

Vor Dankbarkeit fiel ich ihm um den Hals. Es durfte wieder gehofft werden!

*

Als abends Rumpel abgeholt wurde, und ich dessen Missetat sowie meine Unachtsamkeit beichtete, blieb dessen Herrchen ebenfalls gelassen. »Da bin ich aber froh, dass dir das auch passiert. Ich war schon neidisch, weil Rumpel so gut auf dich hört! Ich kann aber gut verstehen, dass du in Sorge warst. Ist doch alles gutgegangen!«

Was für fantastische Hundebesitzer! Ich danke euch!

*

Ich wollte den Ärger mit den Ämtern sowie alle Stolpersteine, die mir noch in den Weg geschmissen werden sollten, als Test nehmen. Meiner Meinung nach sind wir auf der Erde, um Aufgaben zu bewältigen, an denen wir uns weiterentwickeln. Für den Fall, dass derjenige, der für diese Aufgabenverteilung zuständig ist, mich bisher nicht gehört hatte, formulierte ich es noch einmal ganz deutlich: »Ich bin wild entschlossen, mein Ziel zu erreichen! Meine Hundepension soll auf rechtlich korrekten Beine stehen!«

*

Gleichzeitig kamen die Kunden weiterhin von selbst auf mich zu. Auf dem Hundeplatz buchte mich jemand, auch das Frauchen von Paula machte Werbung für mich. Nächste Woche wollte eine Freundin von ihr mit der braunen Labrador-Dame Aischa zum Kennenlernen vorbeikommen. Wie schön! Ein Zwilling für Kimba!

*

Schon begannen die drei Tage der jungen Foxterrier-Dame Wendy. Ihr Einzug brachte eine nicht gerade dekorative Umgestaltung meines Wohnzimmers mit sich: eine Lufthansa Cargo Box, in der sie nachts für gewöhnlich schläft.

Die Spaziergänge mit Kimba und Wendy verliefen angenehm. Das Wetter blieb trocken und beide Hunde gingen ohne großes Gezerre an der Leine. Perfekt! Dann kam die Nacht! Ratet, wo Wendy schlief? Natürlich ... neben meinem Bett. Allerdings hielt sie sich tapfer, jaulte nicht und bellte nur einmal nachts, als Kimba über sie drüber stapfte, weil er dringend raus musste. Nachdem sich mein Hund im Garten erleichterte hatte, legte sich Wendy zum Schlafen in ihre Box.

Einen Tag später kamen Rumpel und Duncan dazu, und ich verstieß gegen mein selbst aufgestelltes Gesetz: *Ich nehme maximal zwei Gasthunde gleichzeitig auf!* Beim Spaziergang bedeuteten vier Hunde an der Leine eine neue Herausforderung. Im Feld leinte ich Kimba sowie Duncan ab, da die beiden sich am besten zurückrufen ließen. Die Leinen der beiden Terrier verlängerte ich und schlang diese um meinen Oberkörper. Somit behielt ich die Hände frei – klappte prima!

Mein Plan, dass Rumpel durch Wendy abgelenkt wurde, ging leider nicht auf. Wendy interessierte sich zwar sehr für Rumpel, der ließ sie aber links liegen, weil er hinter Duncan her war, welcher allerdings nur von mir gestreichelt werden wollte. Typische Vierecks-Beziehung!

Richtig heimisch fühlte sich Wendy erst am dritten Tag. Nachdem wir lange Spaziergänge unternommen hatten, wollte ich gerne ausruhen. Den Speicher blockierte Nina mit drei Freundinnen, unser Schlafzimmer beanspruchte mein Mann. Also legte ich mich mit einer Decke auf den Wohnzimmerboden zu den Hunden. Wendy links von mir, Duncan rechts und Kimba guckte von der Coach zu uns herunter. Wir entspannten eine halbe Stunde lang. Herrlich! Wenn Duncan schnarchte, konnte das Geräusch mit dem beruhigenden Schnurren einer Katze mithalten. Das klang schöner als jede Entspannungsmusik!

*

Seit zwei Wochen hatte ich von dem Bekannten von Scoopys Besitzern, der mir wegen der Angelegenheit beim Bauamt zur Seite stehen wollte, nichts gehört. Da Geduld nicht zu meinen Stärken zählt, verfasste ich das Antwortschreiben an das Bauamt selbst. Ich fügte Pläne meines Standortes bei, denen man die Nähe zum Feld entnehmen konnte. Nach mehrmaliger Überarbeitung war ich zufrieden und brachte die Unterlagen persönlich zum Sachbearbeiter des Bauamtes. Wahrscheinlich hoffte ich mit meinem Einsatz einige Gummipunkte zu ergattern. Zur Sicherheit legte ich ein verstärkendes Reiki-Zeichen über den

Schriftverkehr und hoffte, dass mein Antrag noch einmal positiv überdacht wurde.

*

Kurze Zeit später stand ein neuer Hund vor meiner Haustür. Devito, wieder ein Australian Shepherd, ebenfalls aus der Hundeschule. Ich hegte Zweifel, wie er zum devoten Duncan passte, der für ein paar Tage bei mir wohnte. Der sonst recht rüpelige Devito hechelte mich mit weit heraushängender Zunge erwartungsvoll an. Um ihn müde zu machen, musste er die Strecke aus dem Nachbarort zu mir neben dem Fahrrad herlaufen, fast 6,5 km.

In der ersten Hälfte des Tages dachte ich, mir wäre der falsche Hund gebracht worden. Devito verhielt sich so lieb, ruhig und hörig, wie ich ihn noch nie erlebt hatte. Zum Abschluss des ersten Spazierganges gab es eine Spielerunde mit Ball. Duncan und Devito erwiesen sich beide als engagierte Apportierer. Jedoch wollte keiner den Ball an den anderen verlieren, sodass es immer wieder zu bedrohlichem Gebrumme kam. Um eine Eskalation zu vermeiden, stellte ich das Spiel ein und beschloss, kein Wurfmaterial mehr mitzunehmen.

Je mehr Zeit Devito bei mir verbrachte, umso mehr lebte er sich ein und wandelte sich zu dem aufgeweckten Kerl, den ich kannte. Aber es blieb alles im sozialen Rahmen, sodass ich nicht einschreiten musste. Ich konnte Devito gut von der Leine lassen. Er lief, wie bei Aussies üblich, immer ein Stück voraus, behielt aber stets den Kontakt zur Gruppe. Langsam aber sicher lernte ich diese Rasse schätzen.

Abends sollte Devito auf seiner mitgebrachten Decke schlafen. Wo schlief er? Natürlich neben meinem Bett, und das ziemlich ruhig, obwohl der nervöse Duncan einige Male über ihn drüber stolperte, um zu sehen, ob ich wirklich noch dalag.

Ich bewunderte wirklich, wie schnell und komplikationslos sich bisher fast alle Hunde mit der Fremdschlafen-Situation zurechtfanden!

*

Erinnert ihr euch an Poldino? Den weißen Maremmano, der mir in die Wohnung gepinkelt hatte? Er kam wieder zu Besuch. Stimmte gar nicht – ich holte ihn zu Besuch. Sein Frauchen und ich entwarfen einen grandiosen Plan!

Weil Poldino den ganzen Vormittag allein auf seinem Grundstück verbrachte, holte ich ihn gegen Mittag dort ab. Zur Ablenkung nahm ich Kimba mit. Während dieser den Herdenschutzhund ablenkte und mit ihm übers Grundstück tollte, ging ich zum Stall, holte die bereitgelegte Leine sowie Leckerlis heraus, leinte Poldi an und bugsierte ihn mithilfe der Leckerlis in meinen Kofferraum. Grandios! Wie sagte *Hannibal* vom *A-Team*: *Ich liebe es, wenn ein Plan funktioniert!*

Bei mir zu Hause starteten wir einen Spaziergang mit Langlaufleine. Das musste sein, weil der Maremmano gerne jagte und bei uns zurzeit viele Hasen auf den Feldern fangen spielten. Das Laufen klappte nicht gut, da Poldino die Leine permanent auf Spannung hielt und viel agiler wirkte als bei unserem ersten Treffen.

Ich wollte vermeiden, dass er mir wieder in die Wohnung pinkelte, deshalb hatte ich mir dazu einige Gedanken gemacht. Aus den Fachbüchern lernte ich, dass es wichtig war, wer zuerst das Haus betrat oder verließ. Ich musste dem Gasthund durch meine Ausstrahlung vermitteln, dass alles meins wäre. In meiner unermesslichen Güte erlaubte ich ihm, ebenfalls mein Haus zu betreten. Das klang zwar irgendwie komisch, aber so stand es geschrieben! Damit Poldino dies ebenfalls erfuhr, erklärte ich ihm diese wichtige Regel vor der Haustür. Es klappte tatsächlich! Ob das an meiner Körperhaltung oder der Ansprache lag, wusste ich nicht.

Es wurde ein angenehmer Nachmittag. Weil das Wetter mitspielte, ließ ich die Terrassentür offen, sodass die Hunde rein- und rausrennen konnten. Auf der einen Seite verhielt sich Poldino wie ein Prinz und patrouillierte in meinem Garten am Zaun entlang. Dann tollte er wieder wie ein wildgewordener Eisbär mit Kimba über den Rasen, schmiss sich auf den Rücken oder flitzte unterm Trampolin durch. Nach einiger Zeit bettete Prinz Poldi sein Haupt in den Schatten und schlief. Also, alles in Butter!

*

Der Tag fing super an. Könnt ihr euch noch an mein Zusammentreffen mit der Walkerin vor einigen Wochen erinnern? Auf diese traf ich an einem Morgen wieder, als ich mit Duncan und Kimba unterwegs war, begleitet von meiner Nachbarin mit ihrem Hovadoodle Diego. Seit meinem unrühmlichen Vorfall damals, rief ich die Hunde immer frühzeitig zu mir, leinte sie an und wich einige Schritte ins Feld aus.

Heute bedankte sich die Walkerin für meine Bemühungen, und ich antworte im Vorbeigehen: »Ist doch selbstverständlich!«

Da drehte sie sich um und kam zu mir zurück. »Ich finde es toll, wie Sie jetzt immer die Hunde zu sich rufen, wenn wir uns begegnen. Das gibt mir so viel Sicherheit, dass ich langsam meine Angst vor Hunden verliere. Mittlerweile kenne ich die meisten und sehe, wie rücksichtsvoll sich viele Hundebesitzer verhalten.«

Mir fiel ein Stein vom Herzen, hatte mich doch mein schlechtes Gewissen die ganze Zeit gequält. »Das freut mich sehr und ich entschuldige mich noch einmal dafür, dass ich damals zu spät reagiert habe.«

»Das ist vergessen! Mir tut es leid, dass ich Sie damals so heftig zurechtgewiesen habe.«

»Das braucht es nicht. Den Tadel hatte ich definitiv verdient!«

Das Zusammenleben konnte so schön sein, wenn man nett und respektvoll miteinander umging!

*

An einem Nachmittag erhielt ich eine E-Mail des Bekannten von Scoopys Besitzern, der sich noch einmal mit meinem Fall beschäftigen wollte. Er schrieb Folgendes: »Ich habe eine Juristin des Bauamtes konsultiert und fand mit ihr zusammen ein Urteil: ›Ein Hundehalter hatte geklagt, weil eine Hundepension mit zwei Hunden nicht genehmigt worden war. Dabei sollten die Hunde möglichst gar nicht in den Außenbereich gelassen werden. Die Begründung für seinen Widerspruch war, dass keine Ermessenserwägung stattgefunden hätte.‹ Ich empfehle Ihnen also, in dem Schreiben ans Bauamt zu erwähnen, dass Sie weder Hundehütten noch Zwinger auf Ihrem Grundstück haben und die Gasthunde sich generell nur im Haus aufhalten werden.«

Das Urteil hatte er mir zur Info angehängt. Beim Lesen kam ich mir jedoch vor wie *Chantal* in *Fack ju Göhte*. Ich verstand kein Wort! Trotz Abitur und kaufmännischer Ausbildung konnte ich diesem Text nicht entnehmen, was er mir sagen wollte. Warum müssen Rechtstexte so geschrieben sein, dass ein Otto-Normal-Verbraucher sie nicht verstehen kann? Das ist bestimmt Absicht, um uns dumm zu halten!

Jetzt steckte ich allerdings in der Zwickmühle. Aufgrund meiner Ungeduld hatte ich das Schreiben bereits beim Bauamt abgegeben. Persönlich – um Eindruck zu schinden. Aber ich konnte doch nicht wieder dorthin fahren, um das Schreiben zurückzuholen und durch ein neues zu ersetzen. Wie sähe das denn aus?

An dieser verzweifelten Stelle schritt Bernd ein und rückte mir ordentlich den Kopf zurecht. »Ich verstehe dich nicht! Der Mann war Leiter des Bauamtes. Er ist der Experte, der um Hilfe gebeten wurde und sich extra für dich bemüht hat!«

»Aber der Passus, dass ich die Hunde ausschließlich drinnen halten werde, ist absolut blödsinnig und nicht das, was ich will!«

»Lass dein Ego aus dem Spiel! Hier geht es nicht darum, was du willst, sondern wie du die Genehmigung für deine Hundepension bekommst. So einfach ist das! Mach es genauso, wie der Mann dir das vorschlägt!«

Also musste ich in den sauren Apfel beißen und den zuständigen Bearbeiter anrufen. »Schönen guten Tag, Sommer ist mein Name. Ich bin die mit der Hundepension. Haben Sie meinen Antrag schon weitergeleitet?«

Das Gute an den unschönen Vorgängen ist, dass der Gesprächspartner immer genau weiß, mit wem er es zu tun hat. »Hallo Frau Sommer! Ich konnte Ihr Schreiben leider noch nicht in der entsprechenden Sitzung vorlegen, weil es erst noch durch den Posteingang laufen muss.«

Was für ein Posteingang? Ich hatte ihm den Brief persönlich in die Hand gedrückt, mehr Eingang ging wohl nicht! Diese Ämter sind wirklich schwer zu verstehen. Wahrscheinlich gibt es irgendwo sogar einen Paragrafen für den Posteingang!

In meinem Fall passte die Verzögerung hervorragend, sodass ich fortfuhr: »Ich habe eine rechtliche Beratung in Anspruch genommen und möchte deshalb mein Schreiben vom letzten Freitag zurückziehen. Ich stelle Ihnen ein überarbeitetes Schreiben aus.« Wie gut, dass er mich dabei nicht sehen konnte. Wahrscheinlich wuchs gerade meine

Nase wie bei Pinoccio in die Länge. Wobei das gar nicht richtig gelogen war. Ich hatte Beistand gesucht, der wiederum rechtlichen Rat einholte. Um die Ecke gedacht.

Er antwortete etwas perplex: »Okay, dann schmeiße ich das Schreiben einfach weg und warte auf das neue.«

Was? Einfach wegschmeißen? Das geht? Gibt es dafür keinen Paragrafen?

Erkenntnisse des Monats:

- Niemals die Hoffnung aufgeben!
- Ab und zu neue Wege beschreiten.
- In der Ruhe liegt die Kraft.
- Im Rudel schläft es sich am besten.
- Jedem Wesen mit Respekt begegnen – jeden Tag!
- Es kann schädlich sein, ungeduldig oder übereifrig zu agieren.
- 5. Reiki-Lebensregel: Sei nett zu deinen Mitmenschen, *Mitwesen* – und zu dir selbst!
- Bleibt ein Gasthund für einen längeren Zeitraum, bedeutet das für alle Anwesenden ein entspannteres Zusammenleben
- Das Ego sollte im Hintergrund bleiben!

Mai 2016

Das Testwochenende mit Raschid verlief gut. Dem Besuch des Kangals sah ich mit Respekt entgegen, weil ein mir bekannter Windhund von einem Hund dieser Rasse fast zu Tode gebissen worden war. Natürlich darf man Hunde einer Rasse nicht über einen Kamm scheren. Aber wenn ein großer Hund außer Kontrolle gerät, kann dieser mehr Schaden anrichten als ein kleiner.

Raschid war mit 55 kg ein wahres Kraftpaket. Seine Besitzer rieten mir dazu, ihn draußen nur am Stachelhalsband zu führen. Er wäre sonst sehr schwer zu halten. Um es gar nicht erst zu einem unangenehmen Treffen kommen zu lassen, hielt ich die Umgebung noch wachsamer im Blick und wich weiträumig auf die Felder aus, wenn mir Walker, Fahrradfahrer oder Hundeführer entgegenkamen. Dabei machte Raschid überhaupt keine Anstalten, mit Gewalt einen eigenen Weg zu suchen. Daraufhin reduzierte ich die Ausweichbögen. Mit jeder weiteren Begegnung wuchs das Vertrauen in mich und Raschid. Er wirkte ruhig, ließ sich gerne schmusen und leicht führen.

Die Hauptsorge der Halter bestand allerdings in der Fütterung. Raschid trat sozusagen in Hungerstreik aus Protest darüber, dass er abgegeben wurde. Deshalb konnte er nicht mehr in die Pension gegeben werden, wo er bisher Urlaub machte, weil er dort zehn Kilo abgenommen hatte. Also lief ich wie eine Verrückte mit dem Fressnapf hinter ihm her und bemühte mich, ihm das Essen schmackhaft zu machen. Ich konnte den Napf nicht einfach stehenlassen, den hätte mein verfressener Kimba in wenigen Sekunden geleert!

Am ersten Tag verweigerte der Kangal noch alles. Bereits am zweiten Tag hatte ich ihn soweit, dass er vor lauter

Hunger einen getrockneten Rinderstreifen fraß. Als er dann später aus dem Napf das Nassfutter herausfischte, jubelte ich innerlich. Bei mir verhungerte er nicht! Seine Besitzer waren begeistert und konnten ihren Urlaub buchen. Raschid sollte im August für zwei Wochen zu mir kommen. Da er sich mit Kimba gut verstand, könnte vielleicht auch Duncan oder Rumpel dazu kommen. Als Tagesgäste. Mal sehen!

*

Mein erster Kennenlernflop fand Mitte Mai statt. Der Dalmatiner Kodi kam am Rad mit Herrchen zum ersten Treffen. Das überraschte mich, da die Sonne vom Himmel knallte. Aber die beiden machten einen durchtrainierten Eindruck.

Da Rumpel ebenfalls bei uns weilte, wanderten wir zu dritt durch die Felder. Zwischen Kimba und dem Neuen herrschte Spannung. Zum ersten Mal standen die Nackenhaare meines friedlichen Labradors hoch, und er hielt einen großen Abstand zu dem Dalmatiner. Aber es blieb friedlich, und nach einer Weile ignorierten sie sich.

Zurück in unserem Garten wurden sämtliche Sträucher ausgiebig markiert. Plötzlich stürzte sich der Dalmatiner laut bellend auf Kimba und schnappte drohend nach ihm.

Der schreckte zurück, blieb stocksteif stehen und vermied jeglichen Blickkontakt. Das geschah in Sekundenschnelle!

Ein Auslöser für diese Aktion fiel mir nicht auf. Zunächst wartete ich ab, ob die Hunde die angespannte Situation untereinander regeln konnten.

Als nächstes schnappte Kodi nach Rumpel, der ebenfalls erschrocken zurückwich, sich auf den Rücken warf und deutlich Unterwerfung signalisierte. Erneut ging der Dalmatiner auf Kimba los, dieser blieb mit abgewandtem Blick stocksteif stehen.

Es reichte! Mit meinem Körper drängte ich den Aggressor von Kimba ab. »Gzsch! Zurück!« Diese Zurechtweisung akzeptierte der Dalmatiner und schlich um mich herum.

Kimba und Rumpel verzogen sich kleingeduckt in die hinterletzte Ecke der Terrasse und wagten keinen Schritt hervor. Als ich die Terrassentür öffnete, um von drinnen Getränke zu besorgen, flitzten die beiden panikartig ins Innere.

»Puh, das war eine heftige Reaktion!«, sagte ich zu Kodis Herrchen, als ich ihm ein Glas Wasser reichte.

»Meinen Sie, Sie kriegen das hin mit der Betreuung? Wir sind für zehn Tage weg«, fragte er zweifelnd.

Da ich grundsätzlich vor Herausforderungen nicht zurückschreckte, lautete meine Antwort: »Okay … leicht wird es nicht. Das bedeutet Arbeit für uns alle. Ich muss lernen, das Rudel im Griff zu haben, Kodi muss sich unterordnen und Kimba mehr Selbstvertrauen an den Tag legen. Wir sollten uns kurz vor Ihrem Urlaub noch einmal treffen, damit die beiden Hunde sich besser kennen lernen können.«

»Das ist eine gute Idee!«, stimmte der Zweibeiner zuversichtlich zu. Ich verabschiedete die beiden.

Als ich Kimba wieder in den Garten rief, wollte er nicht von seiner Decke im Flur kommen. Auch mit einem nachdrücklichen »Kimba, hier!« erreichte ich nichts. Ein Leckerli akzeptierte er nach langem Zögern, da gingen bei mir bereits die Alarmglocken an. Wenn mein Labrador nicht fraß, war seine Welt aus den Fugen geraten. Als ich ihn in den Garten schickte, flitzte er stattdessen ins Dachgeschoss. So sehr hatte ihn der Angriff verschreckt. Ich musste Kimba anleinen und mit einem Leckerli vor der Nase nach draußen locken. Erst als er merkte, dass der Dalmatiner nicht mehr im Garten war, entspannte er sich.

Ich machte mir ernsthaft Gedanken. Was die Sache verschlimmerte – ich hatte ein ziemlich ungutes Bauchgefühl.

Schließlich entschied ich, darauf zu hören und schrieb noch am Abend eine E-Mail an das Herrchen des Dalmatiners: »Ich danke Ihnen für das Vertrauen, dass Sie mir schenken. Nach gründlicher Überlegung muss ich Ihnen jedoch leider die Betreuung für Kodi absagen. Mein Hund war durch das Auftreten Ihres Hundes absolut gestresst und verhielt sich auch nachher noch vollkommen untypisch. Deshalb möchte ich weder ihm, noch Ihrem Hund diese Situation zumuten. Es soll schließlich für alle eine schöne und entspannte Zeit werden. Ich hoffe auf Ihr Verständnis. Mit freundlichen Grüßen!«

Auf dieses Schreiben erhielt ich leider keine Rückmeldung.

*

An einem Samstagnachmittag stand Training in der Hundeschule mit Kimba im Kalender. Da mein Mann zur Spätschicht musste, wollte ich die Stammgäste Scoopy und Duncan nicht allein zu Hause lassen. Also dachte ich mir etwas Tolles aus. Die beiden sollten uns einfach begleiten.

Wir gingen die 40-minütige Strecke zu Fuß, damit alle Vierbeiner ein wenig ermüdeten. In den ersten zehn Minuten vor einer Übungsstunde fand freies Spiel statt. Die Hunde sollten sich dabei austoben, damit ich danach Duncan und Scoopy auf eine mitgebrachte Decke ablegen und in Ruhe mit Kimba trainieren konnte. Soweit der Plan!

Ich traf rechtzeitig auf dem Trainingsgelände ein und leinte alle drei Hunde ab, die sofort neugierig über das großzügige Gelände liefen. Sie kehrten jedoch postwendend zu mir zurück, als ihnen die Trainerhunde aufgeregt entgegenstürmten. Die anderen Trainer schauten mich an, als wäre ein UFO gelandet.

Der Chef des Platzes verpasste mir sofort einen Einlauf: »Du kannst hier nicht einfach mit fremden Hunden reinkommen und die ableinen!«

Sein rüder Ton und das aufgeregte Verhalten der sonst sehr gelassenen Trainerhunde erstaunte mich. Diese schienen tatsächlich ein Problem mit meinen Gasthunden zu haben. Scoopy fand die Hundehorde sichtlich unangenehm, er zog den Schwanz ein. Auch Duncan rannte hektisch herum. Die Trainer riefen jeweils ihren eigenen Hund zurück, sodass ich antworten konnte: »Ich verstehe die Reaktion der Hunde gar nicht. Die sind sonst nicht so aufgeregt!«

Der Chef schüttelte nur den Kopf: »Die kennen die beiden Neuen nicht. Guck dir Bones an, wie der sich aufplustert. Ruf deine Hunde jetzt zurück und lein sie an! Nächstes Mal musst du mir vorher Bescheid sagen, wenn du was in der Art planst!«

Ich konnte den Rüffel nur teilweise akzeptieren, schließlich hatte ich die Hunde nicht mit in eine Ballettschule genommen – sondern in eine Hundeschule! Wenn jemand mit fremden Hunden klarkommen musste, dann die Trainer mit ihren Hunden!

Die Hunde beruhigten sich nach einiger Zeit wieder, nur Bones schien so verschossen in Duncan, dass er nur noch hinter ihm herrannte. Der schwarze Wildfang musste wirklich wie ein ziemlich tolles Hundeweibchen riechen!

In der Freilaufzeit lief es nicht besser. Scoopy war alles zu viel, er klebte praktisch an meinem Fuß. Duncan wurde von allen anderen Hunden gejagt und bestiegen. Stress pur! Für alle! Um Ruhe reinzubringen, leinte ich Duncan und Scoopy an, führte sie zur Rückseite der Hütte, die auf dem größten Trainingsplatz stand und legte die beiden auf der mitgebrachten Decke ab. Noch machte ich gute Miene zum bösen Spiel!

Dann begann meine Trainingsstunde zusammen mit Kimba und den anderen Mensch-Hund-Teams meiner Gruppe. Währenddessen bellte sich Duncan die Seele aus dem Hals und störte damit die Gruppe, die auf dem großen Platz trainierte. Das Getöse hielt ich genau sieben Minuten durch, danach lagen meine Nerven blank. Mit Tränen in den Augen verließ ich mit Kimba und den Gasthunden das Trainingsgelände.

Wie grausam! Wie konnte ich nur so blöd sein? Was für ein bescheuerter Plan! Den Hunden und mir einen solchen Stress anzutun! Was dachten bloß die anderen Trainer von mir? Die hielten mich bestimmt für eine voll naive, blöde Kuh! Tief enttäuscht ließ ich den Tränen freien Lauf.

Den Heimweg nutzte ich, um mich wieder einzukriegen. Okay – Resümee! Was war schon groß passiert? Mein Plan hatte nicht funktioniert. Die Lehre, die ich daraus zog, hieß: keine Gasthunde mehr zum Platz mitnehmen! Die Erde drehte sich immer noch! Also: Kopf hoch, Krönchen richten und weitermachen!

Um zu beweisen, dass ich zu meinem Fehler stand, fuhr ich ohne Hunde zur zweiten Trainingsstunde zurück zum Platz und setzte meine Trainerausbildung fort. Auch wenn mich das einiges an Überwindung kostete, hoffte ich darauf, dass die anderen Trainer mir den Mut anrechneten und den Fauxpas der ersten Stunde verziehen.

*

Mitte Mai fragte ich telefonisch beim zuständigen Bearbeiter des Bauamtes nach, ob mein zweiter Brief angekommen sei und den Posteingang überlebt hätte.

Mein Gesprächspartner hatte glücklicherweise Sinn für Humor, lachte kurz und teilte mir dann mit: »Ja, der Brief hat überlebt. Schön, dass Sie von sich aus auf den Gedanken kommen, die Hunde ausschließlich im Haus zu betreuen.«

Macht sich eigentlich irgendjemand vom Amt Gedanken darüber, dass das dem Wohl des Tieres widersprach – es extra nicht rauszulassen? Ein Tier, welches ursprünglich nur im Freien lebte? Zum Wohle der Ruhe der Nachbarn? Was war mit dem Wohl des Hundes? Und seinem Recht darauf, mit Artgenossen zu kommunizieren? Ich biss mir auf die Zunge und wagte zu fragen: »Hätten Sie denn eine Idee, wann meine Anfrage bearbeitet wird?«

Der Bearbeiter versprach: »Anfang nächster Woche lege ich Ihren Vorgang meinem Chef zur Diskussion vor und melde mich dann im Lauf der Woche bei Ihnen.«

In der gesamten nächsten Woche passierte nichts! Meine Trainingseinheit zum Thema Geduld ging in die nächste Runde.

*

Einmal wartete ich zusammen mit Scoopy und Kimba auf Moet, den fuchsfarbenen Shiba Inu, der für zehn Tage zu mir kommen sollte. Bisher trafen alle meine Kunden erfreulich pünktlich bei mir ein. Nach einer Stunde Wartezeit hinterließ ich eine Nachricht auf dem Anrufbeantworter, wo sie denn blieben, und brach zu einem Spaziergang auf. Eine weitere Stunde später klingelte mein Handy. Das Herrchen von Moet teilte mir mit, dass er gerade erst vom Arzt käme, gesundheitlich Probleme und mich total vergessen hätte. Sie könnten nicht kommen, Moet bliebe zu Hause, aber er wollte mir den Ausfall bezahlen. Eventuell meldeten sie sich Anfang nächster Woche noch einmal, da sie gegebenenfalls in ein verlängertes Wochenende fahren wollten.

Hm, für einen Notfall hatte ich jederzeit Verständnis. Aber wie groß sollte der Notfall sein, wenn man sofort neue Pläne für eine Reise schmiedete? Sorry, aber so konnte ich nicht planen. Meine Kunden wünschen von mir eine vertrauensvolle und vor allen Dingen zuverlässige Betreuung. Ich soll schließlich auch zum vereinbarten Termin anwesend sein. Dafür gibt es in der heutigen Zeit einfach zu viele Möglichkeiten, sich aus allen Ecken der Welt zu melden.

Ich war über die kurzfristige Absage deshalb besonders enttäuscht, weil ich dafür Duncan sowie einer neuen Interessentin abgesagt hatte. Deshalb schrieb ich Moets Besitzern eine E-Mail, in der ich um einen entsprechenden Belegungsausfall bat.

*

Ende Mai rief mich morgens ein unbekannter Mann auf dem Handy an: »Sind Sie die Frau Sommer, die ab dem 01.07. die Hundepension *Dog-Holiday* starten möchte?«

Für einen Interessenten formulierte er die Frage ziemlich merkwürdig, deshalb klang meine bejahende Antwort leicht alarmiert.

»Gut, dann fordere ich Sie auf, diesen Namen ab sofort nicht weiter zu verwenden!«

Ich stand total auf dem Schlauch und stotterte: »Versteh ich nicht … nicht weiterverwenden … wie meinen Sie das denn?«

»Ich habe mir den Namen *Dog-Holiday* mit Bezug auf eine Hundepension beim Patent- und Markenamt schützen lassen. Wenn Sie weiter damit werben, hören Sie von meinem Anwalt!«

Ich war so geschockt, dass ich nicht klar denken konnte: »Was für ein Amt? Und was soll ich jetzt machen? Ich habe alles fertig: Homepage, Flyer …« Wie vor den Kopf gestoßen schrieb ich sinnlose Sätze auf einen Block.

»Sie stellen jegliche Werbung mit dem Namen *Dog-Holiday* ein. Sie haben dafür eine Woche Zeit!«

Das Gespräch wurde beendet.

Entsetzt starrte ich aufs Handy. Das konnte nur ein extrem schlechter Traum sein. Das musste ich prüfen. Von wegen prüfen, ich heulte los … schon wieder. Die Entwicklung von *Dog-Holiday* stand gerade unter einem ziemlich schlechten Stern.

Bernd blickte mich verwirrt an und fragte, was los sei.

Unter Tränen brachte ich mühsam eine Antwort heraus: »Da war ein Typ am Telefon, der sagt, er hätte sich den Namen *Dog-Holiday* beim Patentamt schützen lassen. Ich soll sofort alles einstellen.« Meine Stimme wurde immer höher und endete in leicht hysterischem Ton.

»Ich weiß gar nicht, worüber du dich so aufregst. Das ist nicht das, was deine Hundepension ausmacht. Das bist DU! *Dog-Holiday* ist nur ein Name!«

Fassungslos starrte ich jetzt meinen Mann an. Die aufgestauten Frust-Gefühle entluden sich auf dessen Haupt. »Was? Nur ein Name? Das ist mein Name! Darauf baut alles auf: meine Homepage, Facebook, Flyer, E-Mail-Adresse. Oh Gott – mein schönes Logo … ich brauche einen neuen Namen! Das schaffe ich nicht!« Als mir die Reichweite dieses Rückschlages bewusstwurde, war es um meine Fassung geschehen. Ich fegte den Schreibblock vom Tisch und rannte heulend nach oben ins Schlafzimmer. Die Tür knallte hinter mir zu!

Nach einer halben Stunde kamen keine Tränen mehr. Ich schnappte meinen Laptop, fing an zu recherchieren und fand die Homepage dieses Typen – der wohnt in Süddeutschland! Wie hat der mich bloß gefunden? Wir kamen uns überhaupt nicht ins Gehege! Wo lag denn dessen Problem? Wie konnte man sich ein Gewerbe schützen lassen? Ich googelte wie irre. Schließlich fand ich seinen Eintrag beim Deutschen Patent- und Markenamt! Der Kerl war tatsächlich im Recht und durfte mir den Namen untersagen. Auf jeden Fall, so lange ich eine Hundepension betrieb. Ein Frisörsalon mit dem Namen *Dog-Holiday* wäre kein Problem. Machte aber wenig Sinn!

Ich klappte den Laptop zu und ging wieder zurück ins Bett. Das war's! Ich bin fertig! Ich kann nicht mehr! Ich gebe auf!

*

Mein Mann sagte mir am nächsten Morgen, das wäre alles ein Zeichen dafür, dass ich den Plan mit der Hundepension begraben sollte. War es das? Eigentlich glaubt er nicht an Zeichen, ich dafür umso mehr!

Allerdings hatte ich erst vor zwei Tagen meinen monatlichen Reiki-Workshop besucht, in dem es ums Thema Dankbarkeit ging: Sei dankbar – für alle Situationen im Leben!

Wenn die Sonne scheint, man an einem Strand liegt, mit Freunden oder Familie, einem leckeren Essen und passender Musik, dann ist es einfach, dankbar zu sein. Aber wie ist es mit Krankheiten? Rückschlägen? Unfällen? Arbeitslosigkeit? Kann man da dankbar sein? In dem Moment, wo alles den Bach runtergeht?

Konnte ich jetzt dankbar dafür sein, dass mir ein Stolperstein nach dem anderen vor die Füße geschmissen wurde? Nein! Ich war ganz weit entfernt von Dankbarkeit! Verzweiflung, Fassungslosigkeit, Wut, Enttäuschung – diese Worte spiegelten meine aktuelle Gefühlslage viel treffender wider.

Aber ... ich sah meine Situation immer noch als Test an, um meine Entschlossenheit zu prüfen. Wie sehr wollte ich die Hundepension wirklich? War ich bereit für die Erfüllung meines Traumes zu kämpfen, oder zwang mich der Gegenwind aufzugeben? Ausdauer, Hartnäckigkeit, Sturheit: das sind Merkmale, die mich ebenfalls beschreiben.

Schließlich bin ich Buchhalter, Korinthenkacker, Steinbock. Der geht mit dem Kopf durch die Wand, wenn es sein muss. Und jetzt musste es sein! Mich werden alle Hindernisse nicht von der Überzeugung abbringen, dass ich das Richtige tue. Ich will! Unbedingt! Legal! Ohne Wenn und Aber!

Abends schrieb ich dem netten Herrn aus Süddeutschland eine E-Mail, wie verzweifelt und traurig ich sei, und fragte ihn nach dem Sinn seiner Aktion. Merkwürdigerweise erhielt ich auch auf dieses Schreiben keine Antwort.

*

Der Tag nach dem Rückschlag wurde sehr schön. Scoopy und Theo, beides Hunde aus der Nachbarschaft, weilten bei mir. Ich genoss die Zeit mit den dreien, die Spiele und die Ruhe. Das war es, worauf es im Leben ankam! Wenn die feuchten Hundenasen um mich herumtobten, dann wusste ich, wofür ich das alles tat!

*

Ich löschte die Facebook-Seite und legte meine wunderschöne Homepage vorerst auf Eis. »Wegen Bauarbeiten geschlossen!« Dann startete die Namenssuche von neuem: Hundehotel Sommer, Hundepension Sommer, Dogs Inn, Hundeferien, Doggi-Hotel, Hotel Tatze, Sir Mopes Castle, Dog-Sitter, Hundepfoten-Hotel, Pfotenhotel … ich hatte noch einen Charakterzug von mir vergessen: Kreativität!

Auf einmal machte es »Peng!« *Dogilli*! Das war es! Alles drin, was ich wollte! Die Anspielung auf den Hund und meinen Namen. Ganz individuell. Das hatte sonst niemand! Ein kleines bisschen klang es nach Barbie-Style, aber damit konnte ich leben.

Das Bildbearbeitungsprogramm *Gimp* wurde wieder reaktiviert, die ersten Logoversuche gingen an den Start. Die Bildbearbeitung entpuppte sich als genauso schwer, wie vor einem halben Jahr. Leider hatte ich alles vergessen und musste mich erneut durch zig Tutorials auf *Youtube* klicken. Aber ich schaffte es!

Nach einer Woche war *Dog-Holiday* verschwunden – außer auf den Flyern. An was ich alles denken musste: Webseite, die Google-Pfade, Facebook, E-Mail, die Verträge. Aber egal, mir gefiel es. Jetzt war es noch perfekter, als vorher! *Dog-Holiday* besaß eine .eu-Domain, dabei wollte ich von Anfang an eine .de-Domain. Auch die hatte ich jetzt: www.dogilli.de! Ich wollte von Anfang an meinen Spitznamen *Illi* im Pensionsnamen mit drin haben. Also … vielen Dank an den unbekannten Herrn und seinen Aufrüttler, sodass jetzt alles genauso war, wie ich es mir wünschte! Jetzt konnte ich Dankbarkeit empfinden!

*

Zum absoluten Glück fehlten immer noch die entsprechenden Genehmigungen. Vom Bauamt hörte ich nichts, dafür näherte sich das Seminar an der Kölner Hundeakademie. Das empfohlene Lesematerial lag bereits auf dem Schreibtisch. Für die Prüfung mussten die 170 Fragen für den Sachkundenachweis erneut gebüffelt werden.

*

Balsam für meine strapazierte Seele gab es auf einem harmonischen Treffen mit einer neuen Interessentin. Sie reiste extra aus dem Duisburger Süden mit ihrem kleinen Sohn sowie einer vorwitzigen Border Collie-Spitz-Dame Emmi an. Das Frauchen wirkte total entspannt, strahlte eine große Ruhe und Zufriedenheit aus, der Sohn verschlief den Spaziergang und Emmi führte sich super auf: nicht zu stürmisch, nicht zu schüchtern, aufgeweckt und neugierig. Sie sollte im Juli für zwei Wochen zu mir kommen. Perfekt!

*

Noch ein schönes Erlebnis. Ich sollte allein eine Stunde lang eine Übungsgruppe auf dem Hundeplatz leiten. Die

Gruppe, die in der kommenden Woche ihre Begleithundeprüfung ablegen würde. Vor der Stunde hatte ich ziemlichen Bammel. Vor mehrere Menschen zu treten und diese anzuleiten, kostete mich jedes Mal Überwindung. Zum Glück kannte ich sowohl die Zwei- als auch die Vierbeiner, und keiner von ihnen fräße mich auf, wenn etwas schiefginge.

Aber ich wollte es nicht besonders schief, sondern besonders gut machen. Also durchforstete ich meine Trainingsbücher und das Internet nach guten Ideen. Folgende Übungen müssen für die Prüfung sitzen: Leinenführigkeit, Gehen ohne Leine, die Kommandos: Sitz, Steh, Bleib sowie das Abrufen mit Vorsitz bei Fuß. Aus eigener Erfahrung wusste ich, dass Abwechslung bei den immer wiederkehrenden Übungen wichtig war und stöberte deshalb nach etwas Neuem.

Meine Wahl fiel auf zwei Übungen. Bei der ersten musste ein Hundehalter samt Hund an der Leine durch einen Stangen-Parcours laufen. Drei andere Pärchen warteten am Ende des Parcours in festgelegten Zonen mit ihrem Hund im Kommando Sitz, Platz oder Steh. Der Zweibeiner entschied, ob und wie weit er sich vom Hund entfernte. Dieser musste das gegebene Kommando beibehalten. Das erste Team ging im Slalom um die wartenden Teams herum. Dabei wurde gleichzeitig die Hundebegegnung geübt, weil weder der laufende Hund zu den Wartenden hinziehen durfte, noch umgekehrt. Nach einem Durchlauf startete die Übung von vorn, nur ohne Leine. Das lief wie am Schnürchen.

Bei der zweiten Übung steckte ich ein Dreieck auf dem Boden ab, das jeweils ein Team in unterschiedlichem Tempo ablaufen sollte: Dauerlauf, Schneckentempo, rückwärts, seitwärts. Diese Übung eignete sich hervorragend, um die immer gleichen Spaziergänge abwechslungsreicher zu gestalten. Wer das zu Hause ausprobiert, wird überrascht sein, wie aufmerksam der Hund beim Spaziergang sein kann. Durch die Variationen bleibt der Zweibeiner unvorhersehbar, was den Hund neugierig macht!

Das schwerste Bonbon hob ich mir bis zum Schluss auf. Ich wollte etwas für den alltäglichen Gebrauch einbauen. Häufig beobachtete ich, dass der Rückruf sowie sämtliche Kommandos auf dem Platz einwandfrei funktionierten. Auch wenn die Gruppenzusammenstellungen variierten, befand sich der Vierbeiner in einer vertrauten Umgebung. Übte man die Einheiten aber draußen, gegebenenfalls mit unterschiedlich großen Reizen wie Fahrradfahrern, Geräuschen, anderen Tieren, funktionierte der Gehorsam nicht mehr.

Also brachte ich die Praxis auf den Platz in Form einer großen Picknickdecke und diversen Leckereien – für die Menschen. Darauf sollten sich die wartenden Teams ausbreiten und ruhig Lärm machen, während ein Mensch-Hund-Gespann arbeitete. Dabei sollte der Hund auf der einen Seite der Decke abgesetzt werden, das Kommando »Bleib!« erhalten und der Zweibeiner auf die gegenüberliegende Seite gehen. Anschließend wurde der Hund mit dem Kommando »Hier!« zum Halter gerufen. Der Vierbeiner konnte den Weg selbst wählen, Hauptsache er kam, ohne die anderen *anzupöbeln*.

Die Hunde bei den unterschiedlichen Lösungen zu beobachten, war die Krönung! Der eine lief in riesigem Bogen um die sitzende Gruppe herum, als müsste er ein Minenfeld passieren. Der nächste sprintete, frei nach dem Motto *Augen zu und durch!*, mitten durch die Menge, um das *Hindernis* möglichst schnell zu passieren. Ein weiterer ging ruhig an den Wartenden vorbei, wagte zu schnuppern, was es denn Leckeres zu fressen gab. Aber keiner verweigerte den Gehorsam. Super!

Ich freute mich sehr, als mir die Teilnehmer am Ende der Stunde ein Lob aussprachen. Alle gingen mit gutem Gefühl nach Hause. Die Vorbereitung hatte sich gelohnt!

*

Zum Ende des Monats verbrachte der schwarze Labrador Duncan wieder fünf Tage am Stück bei mir. Mittlerweile entwickelten wir uns zu seinem zweiten Zuhause, sodass er merklich ruhiger wurde und nicht mehr bei dem kleinsten Geräusch aufsprang.

An einem Tag jedoch rollte ein heftiges Gewitter über uns hinweg. Duncan fürchtet sich vor Gewitter. Als der Regen stärker wurde und auf unsere Überdachung im Garten trommelte, ahnte der Labrador, was drohte.

Vorsorglich hatte ich die Hausarbeit erledigt und gönnte mir eine Filmpause. Dazu machte ich es mir in einem neu erworbenen großen Hundekörbchen bequem. Da Duncan nicht auf die Couch durfte, schlossen wir damit einen Kompromiss, sodass er sich über mich legen und ich seinen Bauch streicheln konnte.

In dieser Position erwischte uns das Gewitter. Duncan setzte sich hektisch auf und begann, nervös zu zittern. Ich konnte fühlen, wie sein Herzschlag sich beschleunigte. Um seine Angst auf keinen Fall zu bestärken, sagte ich nichts, streichelte ihn einfach weiter und ließ Reiki fließen. Es dauerte zwar einige Zeit, bis der schwarze Hektiker sich wieder entspannte, aber ich hatte es mir schlimmer vorgestellt.

Erkenntnisse des Monats:

- Auf das Bauchgefühl verlassen!
- Rückschläge hinnehmen: Kopf hoch, Krönchen richten und weitermachen!
- Mut haben, seine Fehler einzugestehen!
- Papier ist geduldig – ich nicht!
- Es passt nicht jeder Mensch zu jedem Menschen und auch nicht jeder Hund zu jedem Hund!
- Wenn man für ein Ziel brennt, nicht unterkriegen lassen.
- Gute Vorbereitung zahlt sich aus.
- Jeder Hund verhält sich anders. Bei der Wahl der Trainingsmethode sollte man darauf Rücksicht nehmen und die Besonderheiten eines jeden Hundes fördern.
- Man kann für alle Situationen im Leben dankbar sein. Bei negativen Erlebnissen kann es allerdings etwas dauern, bis sich die Dankbarkeit einstellt.

Juni 2016

Der Juni startete gut. Es meldete sich eine Interessentin, der meine Pension von jemandem aus der Hundeschule in Kempen empfohlen worden war. Ich kenne niemanden aus dieser Hundeschule. Absolut erstaunlich, wie mein Bekanntheitsgrad wuchs. Sie benötigte eine Betreuung für eine Woche und kam direkt am Nachmittag mit dem Schäferhund-Mallinois Mischling Oskar zu Besuch. Ein hübscher Kerl, recht ruhig, lief gerne am Rad, sehr sozial und verträglich mit anderen Hunden. Ein Bilderbuchhund! Kimba und er verstanden sich auf Anhieb, und das Frauchen vertraute mir begeistert ihren Hund an.

*

Post vom Kreis Viersen! Da bekam ich mittlerweile schwitzige Hände. Der versprochene Anruf des Herrn vom Bauamt blieb bisher aus, was ich als schlechtes Zeichen deutete. Der jetzige Brief kam von der Bearbeiterin, von der ich zu Beginn meiner Geschichte berichtete. Sie arbeitete in der *technischen Abteilung* – die entscheidende Stelle beim Bauamt. Sie forderte Unterlagen an. Unterlagen? Nach vier Monaten Bearbeitungszeit wollte sie folgenden Nachweis: »Eine aktualisierte Betriebsbeschreibung, in der steht, dass die Hunde nicht im Garten, sondern ausschließlich im Haus gehalten werden.«

Okay, sie möchte meine bereits getätigte Aussage auf einem offiziellen Formular.

»Das ist eine Zusage«, meinte Bernd nüchtern.

»Warum?«

»Na, weil es sehr dämlich wäre, jetzt extra noch einen neuen Antrag anzufordern, um diesen danach abzulehnen.«

Wie er es formulierte, klang das logisch. Aber ich traute dem Amt mittlerweile alles zu. Deshalb wagte ich noch nicht, mich zu freuen.

Natürlich kam ich dem Wunsch umgehend nach und brachte direkt am nächsten Tag den gewünschten Antrag zur Post. Auf in die nächste Runde! Vom ganzen Daumen drücken waren diese mittlerweile platt!

*

Anfang Juni feierte meine älteste Tochter Nina ihren 13. Geburtstag.

Bevor Kimba und ich uns aufs Buffet stürzen konnten, mussten wir noch einen Job erledigen: Leistungsprüfung – Silber! Zuerst wollte ich der Empfehlung des Trainers folgen und Kimba morgens das Frühstück vorenthalten, damit er schön hungrig und somit gehorsam antreten konnte.

Nachdem mich mein brauner Labrador eine halbe Stunde lang mit total verständnislosem Gesichtsausdruck auf Schritt und Tritt verfolgt hatte, weil er einfach nicht begreifen konnte, warum ihm das Futter versagt wurde, schwächelte ich. Nicht, dass er uns nachher mit Absicht durch die Prüfung rasseln ließ, um mir diese Misshandlung zurückzuzahlen. Also gab ich ihm einfach etwas weniger und hoffte, dass er trotzdem auf mich hörte.

Damit er vor der Prüfung auf jeden Fall sein großes Geschäft erledigte, ging ich extra zu Fuß mit ihm zum Platz. Soweit der Plan. Das Ergebnis sah anders aus: Das Wetter wurde drückend schwül, Kimba hing die Zunge aus dem Hals und das Häufchen machte er natürlich nicht. Dafür lief er den Stangen-Parcours langsamer als eine Schildkröte, weil er nicht mehr konnte. Die Prüfer zeigten jedoch Verständnis und drückten ein Auge zu. Die restlichen Übungen meisterte Kimba bravourös, und am Ende freuten wir uns über die bestandene Prüfung. Jippiiihh! Wieder etwas geschafft!

Danach schmeckten mir der Erdbeerkuchen und das anschließende Grillen dreimal so gut. Mein schokobrauner Labbi durfte sich zur Belohnung ein Abkühlungsbad in der Niers gönnen und danach mit einem wohlverdienten Knochen im Garten zurückziehen.

*

Kurz darauf traf Oskar, der Schäferhund-Mallinois-Mix bei mir ein. Ein imposanter Kerl, mit einem typischen Schäferhund-Kopf und sandfarbenem Fell. Den Trennungsschmerz überwand er schnell, auch die erste Nacht lief gut.

Am darauffolgenden Tag vergrößerten wir das Rudel mit Duncan. Dieses Dreiergespann funktionierte hervorragend. Oskar trat sicher und souverän auf, hatte es gar nicht nötig, Duncan zu unterdrücken.

Da es wieder recht heiß wurde, wanderte ich mittags zum Seitenarm der Niers, um den Hunden eine Abkühlung zu gönnen. Da ich ins Schwitzen geriet, stakste ich in Trekking-Schuhen einfach hinterher und versank bis zum Oberschenkel. Das Wasser sah so aus, als reichte es maximal bis zum Knie. Was aber wie ein sandiger Untergrund wirkte, entpuppte sich als schlammiger Modder. Egal, wir alle kühlten herrlich ab, die Hunde hatten ihren Spaß und für solche Schlammpackungen zahlten andere Leute viel Geld!

Oskar machte auf mich den Eindruck eines geborenen Rudelführers. Er blieb stets in meiner Nähe, hielt aber die anderen Rudelmitglieder im Blick. Blieb ein Hund zurück, weil er sein Geschäft verrichtete oder etwas besonders gut roch, dann wurde derjenige bei seiner Rückkehr kurz angeschnauzt. Kein großes Ding, nur ein kurzer *Das war nicht in Ordnung!*-Beller. Die anderen Hunde akzeptierten den Rüffel anstandslos und blieben danach gehorsam bei der

Gruppe. Bei Oskar konnte ich Nachhilfe in *hundisch* nehmen. Allerdings musste ich aufpassen, dass er mir nicht den Rang ablief.

*

In einer Woche, in der kaum Gasthunde bei mir weilten, nutzten mein Mann und ich die Gelegenheit, um hinten im Garten den Zaun zu erneuern. Das alte, marode Ding flog raus, stattdessen setzten wir einen stabilen, 1,50 m hohen Zaun aus Doppelstabmatten. Es sieht toll aus und gibt mir ein beruhigendes Gefühl. Juchu, wieder ein größeres Projekt erledigt!

*

Mitte Juni zog Merlin zu uns: ein nicht kastrierter, fast zweijähriger Australian Shepherd.

Aufgrund ihrer gemixten Fell- sowie Augenfarbe kommen Aussies immer mehr in Mode. Grundsätzlich gehört die Rasse zur Gruppe der Hütehunde. Der intelligente Arbeitshund wird zunehmend als Familienhund gehalten. Dort ist er jedoch oft unterfordert, weil ausreichend körperliche und geistige Beschäftigung für ihn wichtig ist.

Es ist eine wundervolle Rasse: lieb, verspielt, treu, für alle Sparten des Hundesports zu begeistern. Wer einmal einen Aussie beim Agility beobachten konnte, weiß, was ich meine. Allerdings sind Ruhephasen für den agilen Hund absolut wichtig, sonst entwickelt er sich zum Arbeitsjunkie.

Außerdem braucht er einen sehr bestimmt auftretenden Rudelführer, der den Wirbelwind ruhig in seine Grenzen verweist, sonst nimmt der Aussie die Verantwortung selbst in die Pfoten.

Bei Merlin konnte ich registrieren, dass ihm seine Menschen und deren Befehle ziemlich gleichgültig waren. Er besaß drei Bezugspersonen, die sich in Erziehungsfragen nicht einigen konnten. Dies ist für einen Hund, der klare

Grenzen braucht, sehr hinderlich und oft wirkt sich das negativ auf den Gehorsam aus.

Der erste Spaziergang bestätigte meine Befürchtung. An der Leine fand ein einziges Gezerre statt. Gemecker von mir, völlige Ignoranz vom Hund. Puh, ein hartes Stück Arbeit!

*

Am nächsten Tag ergänzte Scoopy das Team und brummte wenig begeistert, als er feststellte, dass sein Feriendomizil bereits von einem anderen Hund okkupiert wurde. Merlin verstand das Gebrumme und hielt Abstand.

Fußball-EM stand auf dem Programm, genauer: Deutschland gegen Polen. Somit verwandelte sich mein Zuhause in eine Public-Viewing-Arena voller Menschen, Rasseln, Grillduft – und mittendrin: die Hunde. Scoopy quetschte sich zwischen meine Mama und mich auf die Couch und feuerte mit uns die deutsche Mannschaft an. Kimba lag im Körbchen, er war diesen Trubel gewohnt, und Merlin sprang einfach überall gleichzeitig herum. Seinen fehlenden Respekt den Menschen gegenüber merkten wir daran, dass er jeden anrempelte, auf Bänke und Stühle stieg, über die am Boden liegenden Kinder lief und sogar versuchte, mir Essen aus der Hand zu schnappen. Uff! Dabei meinte ich, ziemlich deutlich aufzutreten!

Nach diesem turbulenten Tag ließen wir es am nächsten ruhiger angehen. Auf den Spaziergängen übte ich konsequent Leinenführigkeit mit Merlin. Das Gezerre an dessen Hals fand ich furchtbar, deshalb schlang ich die Leine als Sperre vor seinen Brustkorb. Das funktionierte deutlich besser! Trotzdem ging die Belastung sehr auf den Arm, gleichzeitig wurde der Spaß an der Bewegung für den Hund und mich deutlich eingeschränkt.

Futter erhielt er ausschließlich aus der Hand, wenn er ordentlich an der Leine lief. Merlin sollte es sich erarbeiten und seine Aufmerksamkeit auf mich lenken. Meine Ausdauer und Konsequenz wurden durch kleine Fortschritte belohnt. Es war toll zu beobachten, wie Merlin aufmerksamer wurde. Immer öfter blickte er zu mir und reagierte schneller auf meine Ansprachen. Ich versuchte, ihm nicht zu viele Kommandos zu erteilen, nur die absolut notwendigen. Aber die klappten immer besser!

Natürlich konnten wir in den paar Tagen kein entspanntes Laufen an der Leine erreichen. Da lag noch viel geduldige Arbeit vor den Besitzern!

*

Mein erstes Seminarwochenende in der Kölner Hundeakademie – die Spannung stieg! Allein nach Köln, zu unbekannten Menschen, in eine unbekannte Situation. Das bedeutete für mich Stress pur! Dreimal kalkulierte ich die Route, schmierte mehrere Brote, packte reichlich Obst sowie Schokolade als Nervennahrung ein. Zum Glück fuhren am Samstagmorgen nicht viele Menschen in die Domstadt, sodass die einstündige Autofahrt zügig verlief, und ich natürlich viel zu früh eintraf. Egal, erste Hürde geschafft: heil am Ziel angekommen!

Ohne Probleme fand ich den richtigen Seminarraum. Staunend stand ich in einem riesigen Saal mit Platz für 70 Teilnehmer, Scripts auf jedem Tisch und einer riesigen Leinwand. In meiner Vorstellung sahen so Vorlesungsräume an Universitäten aus.

Nach einer kurzen Vorstellungsrunde der Seminarleiter wurde abgefragt, aus welchen Sparten wir Zuhörer kamen: Züchter, Tierschützer und Pensionsinhaber. Ich saß neben einer sehr netten Frau aus Duisburg, die seit Anfang des Jahres in einer Hundetagesstätte, kurz Huta, in Mülheim arbeitete. Spannend! Da hatten wir direkt ein gemeinsames Thema.

Schnell stellte ich fest, dass mein Wissen über Hunde ungefähr die Größe eines Fliegenkleckses besaß. Es standen für den heutigen Tag folgende Inhalte auf dem Programm: Gesetze zum Thema Hund, Rassekunde, Fütterung, Rechtliches in der Hundehaltung, Grundlagen zum Verbringen von Tieren in Deutschland sowie der EU, Transportpraxis.

Uff, mir rauchte der Kopf! Heiliger Schlamassel, wie sollte ich das alles in zwei Wochen lernen? Am Sonntag ging es weiter mit: Zyklus der Hündin, Bedeckung, Trächtigkeit, Resorption, Abort, Entwicklung der Welpen, Geburt, Geburtshilfe, Versorgung der Mutter und Welpen, Hygiene, Verkauf, Krankheiten, Kastration und Qualzuchten.

Beim letzten Thema wurde mir schlecht, und unsere wirklich sehr gute Seminarleiterin geriet richtig in Fahrt. Was wir Menschen, die selbsternannte Krönung der Schöpfung, den Tieren alles zumuten, nur um sie nach unserem Gutdünken umzuformen: grösser, kleiner, mehr Falten, kein Fell, keine Nase, größere Augen, dafür weniger Gehirn. Das ist entsetzlich! Wo bleibt da der Tierschutz? Nur Lobbyismus und das liebe Geld! Es wird das gezüchtet, was gekauft wird. Wir Menschen tun erschreckende Dinge – und der Hund bleibt trotzdem treu ergeben an unserer Seite! Unfassbar!

Die Seminartage hatten sich gelohnt. Die Leiter strahlten eine große Souveränität und viel Erfahrung aus. Die Rassekunde fesselte mich besonders, weil ich einige meiner Gäste in der jeweiligen Rolle wiedererkannte. Ich hatte mich bisher immer gewundert, warum Duncan oft von anderen Rüden drangsaliert wurde. Jetzt wusste ich, warum! Er wurde sehr früh kastriert, noch vor der Geschlechtsreife. Somit blieb sein Hormonhaushalt für den Rest des Lebens im Teenager-Alter stecken. Deshalb wird er von anderen Rüden nicht als *ganzer Kerl* angesehen. Er hätte in einem Rudel niemals die Möglichkeit, eine ranghohe Position einzunehmen. Das erklärte einiges!

Am liebsten würde ich sofort anfangen zu züchten, um das Gelernte anzuwenden und einmal eine Wurfkiste voller kleiner, dicker, plüschiger Golden-Retriever-Welpen zu haben. Mein nächster Traum!

*

Bernd betreute zu Hause mit absoluter Routine Kinder, Haushalt und Hunde. Ohne Qualifikationsnachweis. Alle überlebten, keiner wurde vom Bus überfahren. Bei meiner Rückkehr wirkten alle Fellnasen zufrieden und starteten mit mir zu einem langen Spaziergang. Mein Kopf musste gelüftet werden!

*

Weil der für Sonntag geplante Rückflug seiner Besitzer aus Italien ausfiel, musste Merlin noch eine Nacht länger bei uns schlafen. Deshalb durfte er am nächsten Morgen mit Kimba und mir eine Fahrradrunde drehen. Überraschung! Neben dem Rad lief Merlin ohne Gezerre an der Leine, sodass ich ihn zusammen mit Kimba ohne Probleme führen konnte.

Durch die unerwartete Verlängerung wurde es in der Pension etwas voll. Zuerst traf Duncan ein, und das immer gleiche Spiel begann. Merlin besprang den gutmütigen Labrador und ging ihm mächtig auf die Nerven. Dieses Schauspiel schaute ich mir mittlerweile nicht mehr lange an, sondern trennte die beiden, damit der Stress für Duncan nicht zu groß wurde.

Erstaunlicherweise drehte sich die Konstellation, als Poldi, der weiße Prinz, eintraf. Merlin wollte die Dominanz-Spielchen auch mit ihm ausprobieren, aber Poldino rang Merlin begleitet von warnendem Knurren kurzerhand zu Boden und blieb mit allen Vieren stocksteif über ihm stehen. Merlin machte keinen Mucks mehr und vermied jeden weiteren Blickkontakt mit dem Maremmano. So regelten das souveräne Hunde! Es ging zwar laut zur Sache und klang erschreckend, aber im Endeffekt geschah nichts. So schnell wendete sich das Blatt: vom Drängler zum Drangsalierten!

Da ich mit dieser Sprengstofftruppe nicht allein Gassi gehen wollte, wartete ich auf meinen Mann. In der Zwischenzeit beobachtete ich die Hunde im Garten. Merlin und Poldino gingen wie zwei Boxer im Kreis umeinander herum, immer darauf bedacht, dass entweder ich oder ein anderer Hund zwischen ihnen stand. Es dauerte eine geraume Zeit, bis die beiden in der Lage waren, sich zu entspannen. Prinz Poldi markierte vorher noch den kompletten Garten. Alles Bio!

*

Jeden Tag lief ich zum Briefkasten, in der Hoffnung, ein Schreiben vom Bauamt vorzufinden. Aber leider Fehlanzeige! Eines Mittags lugte endlich ein großer Din A4 Umschlag aus dem Deckel hervor: vom Bauamt!

Mein Herzschlag beschleunigte sich drastisch. Oh nein! Din A4! Das kannte ich noch aus den Zeiten der Bewerbungsschreiben. Damals bedeutete solch ein Umschlag immer eine Absage, weil man die eingereichten Unterlagen zurückerhielt. Egal, ich musste es jetzt wissen!

Umschlag auf, die fieberhafte Suche nach dem Wort Genehmigung begann. Es stand nicht da! Panik brach aus! Wieder und wieder überflog ich den ersten Satz, der über sieben Zeilen ging mit vier §-Zeichen gespickt. Ich verstand den Sinn überhaupt nicht und suchte weiter verzweifelt nach diesem *einen* Wort!

Da! Da stand etwas! Wurde erteilt! Es wurde erteilt! Das Bauamt erteilte mir die Genehmigung, in meinem Zuhause eine Hundepension zu eröffnen! Erleichterung durchströmte mich! Ein paar kleine Tränchen rannen die Wangen herunter, und ich hüpfte wie ein hektisches Eichhörnchen durch die Wohnung. Ich musste es jemandem erzählen! Quatsch – allen! Die ganze Welt sollte es erfahren. Sofort!

Ich startete eine WhatsApp-Rundnachricht und traf keine Taste, weil die Hände vor Freude zitterten. Fassungslos drückte ich Kimba, dankte allen geistigen Helfern – vor allem meinem verstorbenen Hund Maverik – dass ich diese große Hürde geschafft hatte!

Jetzt musste nur noch das nächste Wochenende mit dem 2. Seminarteil sowie der Abschlussprüfung an der Akademie gelingen. Dann wären alle Anforderungen erfüllt, und die vollständigen Unterlagen konnten dem Veterinäramt vorgelegt werden. Ich musste für die Prüfung üben! Vor allen Dingen aufpassen, dass der Druck nicht zu groß wurde. Es lag nur noch an mir allein. Vor meinem inneren Auge wuchs der Druck parallel zur Menge des Lernstoffs an. Was sollte mit zur Abschlussprüfung: Baldrian oder Traubenzucker? Oh weh, wenn ich weiter so aufgedreht durch die Gegend rannte, bekäme ich einen Herzanfall, bevor das Wochenende startete!

*

Da kam der nächste Reiki-Abend mit dem Thema Entspannung wie gerufen. Der Schlüssel dazu liegt in der Atmung. In unserem hektischen Leben verlernen wir, richtig zu atmen und holen meist nur oberflächlich Luft. Alle Leserinnen, die schon einmal ein Kind zur Welt gebracht und einen Geburtsvorbereitungskurs belegt hatten, wissen, was ich meine: die tiefe Bauchatmung! Mal wieder bewusst tief in den Bauch zu atmen hilft, das Gedankenkarussell anzuhalten und mit der Aufmerksamkeit nur bei sich selbst zu sein – einfach alles andere auszublenden!

Dazu atme ich tief ein und stelle mir vor, dass die universelle Reiki-Energie hell in mich hineinströmt. Danach wird die Luft wenige Sekunden lang eingehalten und dabei das Licht gedanklich im gesamten Körper verteilt, eroberte jede einzelne Zelle. Mit einer langgezogenen Ausatmung wird die Energie über die Hände wieder freigelassen. Während ich den Weg des Atems und des Lichts verfolge, überkommt mich Ruhe. Der Rhythmus, der sich mit der Zeit automatisch einpendelt, wirkt so beruhigend wie das stete Wellenrauschen am Meer.

*

Als ich nach Hause kam, hatten sich drei Interessenten gemeldet. Ein Nachbar fragte für einen Bekannten, eine Frau aus der Hundeschule rief an und eine Dritte schrieb mir über Facebook. Wahnsinn! Die *Dogilli*-Raktete hob ab!

*

Es gab ein spontanes Treffen mit dem Border Terrier namens Fides und seinem Frauchen. Noch am selben Tag kamen sie zu Besuch, kurze Zeit später hatte ich eine neue begeisterte Kundin. Fides, ein aufgeweckter älterer Kerl mit hellem, leicht strubbeligem Fell und einer Rute, die er gebogen über den Rücken trägt, sollte im nächsten Monat für eine Woche zu mir kommen.

*

Das Herrchen von Duncan gab mir seine Terminwünsche für Juli durch. Damit wurde mein Kalender ziemlich voll. Weil drei Termine in unserem eigenen Urlaub lagen, schlug ich vor, Duncan mit in die Eifel zu nehmen. Eigentlich wollte ich keinen Hund in unserer Familienurlaubszeit übernehmen. Aber bei Duncan machte ich eine Ausnahme. Seit Januar hielt er sich fast jede Woche bei uns auf und gehörte praktisch zur Familie. Außerdem trat sein Zweibeiner ab August einen neuen Job an. Da dieser genau entgegengesetzt meines Wohnortes lag, käme Duncan dann nicht mehr zu mir. Der Umweg wäre einfach zu groß. Dieser liebgewonnene Dauergast würde mir sehr fehlen, so wollte ich die Zeit mit ihm auskosten.

Nach einer kurzen Rücksprache mit dem Vermieter unserer Ferienwohnung stand es fest: Duncan sollte auf eine All-In-Abschieds-Tournee in die Eifel mitkommen. Der erste Gasthund, der wirklich echten Urlaub mit mir machen würde. So entstand mein Slogan: *Wo Hunde gerne Urlaub machen!*

*

Ich bekam Besuch von einer Interessentin aus der Hundeschule mit einem beigen, zehn Monate alten Labrador namens Diego. Wow, hatte der Power im Hintern! Keine Spur von Leinenführigkeit! Ansonsten zeigte er sich lieb, aber wild und ungestüm. Ein echter Halbstarker!

Das bekam an diesem Tag auch Aischa zu spüren, eine richtig souveräne schokobraune Labrador-Dame, die ab und zu in meiner Pension übernachtet. Kimba und Aischa sehen sich nicht nur zum Verwechseln ähnlich, die beiden könnten vom Charakter her Zwillinge sein. Beide sind absolute Wasserratten, die draußen beim Toben richtig aufdrehen, aber drinnen wunderbare Ruhe verbreiten. Wenn ich abends mit den schokobraunen Labbis, einer links – einer rechts von mir, auf der Couch lag und deren gleichmäßigen Atemzügen lauschte, fühlte ich tiefen Frieden in mir.

*

Zwei Tage später traf der halbstarke Diego wieder bei mir ein und wurde bereits von Duncan erwartet. Zum ersten Mal traf der schwarze Labrador auf einen männlichen Gasthund, der sich mit ihm auf demselben Energielevel befand. Wahrscheinlich hatte auch Diego die Geschlechtsreife noch nicht erreicht, sodass sie sich auf Augenhöhe trafen. Zwei Halbstarke! Obwohl der eine acht Monate und der andere achte Jahre alt war!

Als letzter traf Rumpel ein. Was machte der kleine Kerl, als er sah, dass bereits drei große Rüden im Garten warteten? Er stürzte sich todesmutig mitten hinein. Hut ab vor dessen Courage!

Mit Diego lag wieder ein hartes Stück Arbeit vor mir. Zehn Monate geballte Teenager-Mir-Doch-Alles-Egal-Power. Auf welchen Quatsch der kam! Er nutzte sämtliche Blumentöpfe zum Jonglieren, verschleppte Gießkanne sowie Gartenschuhe. Ein Fliegengitter musste dran glauben! Ruhezeiten mussten durch ständige Korrektur hart erkämpft werden. Als er endlich schlief, schoss ich schnell ein Foto als Beweis.

*

Das erste halbe Jahr war vorbei. Auch in meinen kühnsten Träumen hätte ich nicht mit solch einer rasanten Entwicklung gerechnet. So viele neue Bekanntschaften!

Im Großen und Ganzen gab es etliche Stolpersteine, aber bisher konnte ich diese wacker umschiffen und wartete gespannt auf das, was das zweite Halbjahr brachte!

Erkenntnisse des Monats:

- Wir müssen respektvoll mit unseren *Mitwesen* umgehen!
- Auch über kleine Fortschritte glücklich sein!
- Zuviel Bedenken! (aus *Last Samurai*)
- Mut, neue Wege zu beschreiten!
- Ein gut erzogener Hund ist für alle eine Wohltat!
- Der Rudelführer agiert ruhig und konsequent.
- Vor dem Kauf eines Hundes die rassespezifischen Eigenschaften beachten!
- Aus Chaos kann Ordnung entstehen.
- Hartnäckigkeit zahlt sich aus.

Juli 2016

Die zweite Jahreshälfte begann mit Prüfungsstress in Köln. Der Samstag enthielt folgende Themen: Hundekommunikation, Körpersprache, Gruppenzusammenstellung in Hundetagesstätten. Diese Informationen konnte ich sehr gut für meine Pension gebrauchen. Wenn nur die Mimik und Gestik der Hunde nicht so winzig klein und schnell wären. Man müsste die Hunde viel öfter filmen, um sich später alles in Zeitlupe anzuschauen. Was bedeutete dieser Blick, die Ohrenstellung, die Rutenhaltung? Dies alles setzt der Hund zur Kommunikation ein. Umso schlimmer, dass durch Züchtung einige Körperteile verändert wurden, sodass sie dem Hund als Signalmittel nicht mehr zur Verfügung standen.

Sonntag – Prüfungstag! Am Vormittag noch mehr Wissens-Futter über: Gesundheit des Hundes, erste Hilfe, Transport innerhalb sowie außerhalb der EU. Wie sollte man das alles noch aufnehmen, wenn man eigentlich auf das Ende der Mittagspause wartete, damit es endlich losging?

Dann kam der Prüfungsbogen! Überraschend mit vielen Fragen aus der normalen Sachkundeprüfung. Gut, dass ich die vorher noch einmal gebüffelt hatte. Manchmal schwankte ich, aber es musste reichen, um die Prüfung zu bestehen. Jetzt hieß es wieder: Geduld! In zwei bis drei Tagen sollten wir die Prüfungsergebnisse per E-Mail erhalten!

Ich versuchte nicht jede halbe Stunde ins Postfach zu schauen, aber das klappte nicht! Am Dienstagmittag die Erlösung: eine E-Mail der Kölner Hundeakademie mit der Überschrift: *Prüfung bestanden!* Yeah! »Plumps« fiel der nächste große Stein von meinem Herzen! Jetzt hatte ich tatsächlich alles geschafft! War das großartig! Jetzt fehlte nur noch die Zusendung der dazugehörigen Urkunde, dann konnte ich alle Unterlagen zusammen dem Veterinäramt vorlegen. Danach brauchte ich nur noch auf die endgültige, offizielle Genehmigung zu warten. Immer dieses Warten!

*

Die Ferienzeit rückte näher. Emmi, die Border Collie-Spitz-Dame, zog für zwei Wochen bei uns ein. Meine große Tochter taufte sie *kleine Wolke*, weil Emmi ein besonders fluffiges Fell besaß. Die Niedlichkeit hielt leider nur so lange an, bis sich diese süße Wolke bis zum Bauch in die nächste Pfütze schmiss. Danach sah sie nicht mehr so niedlich aus.

*

Einige Tage später rief ich vorsichtshalber beim Veterinäramt an und fragte nach meiner Sachbearbeiterin.

»Tut mir leid, sie ist zurzeit im Urlaub«, erhielt ich als Antwort.

»Okay, ich habe eine Frage zu meinem laufenden Vorgang, können Sie mir dabei bitte weiterhelfen?«

»Nein, ich kenne Ihren Vorgang nicht und habe keine Akteneinsicht«, versuchte mich der Kollege abzuwimmeln.

Grrr. Wenn er bei der Bank einen Kredit beantragt hätte, wollte er auch nicht hören, dass kein anderer Kollege der Abteilung dazu in der Lage sei. Ich blieb hartnäckig: »Das wäre aber sehr wichtig für mich! Ich habe alle geforderten Unterlagen zusammen und möchte auf Nummer sichergehen, dass da nicht doch noch was fehlt. Könnten Sie *bitte* meine Akte ansehen?«, bettelte ich.

»Wie ich bereits sagte, habe ich keine Akteneinsicht. Ihre Bearbeiterin ist Mitte des Monats aus dem Urlaub zurück. Sie kann Ihnen Auskunft geben.«

Also musste ich weiter warten!

*

Emmi lebte sich trotz regem Wechsel mit Rumpel, Scoopy oder Duncan schnell ein. Allerdings besaß sie ein sehr vereinnahmendes Wesen. Nahm ich die Leinen zur Hand, drängelte sie nach vorn und grummelte alle anderen beiseite. Wir legten uns für draußen zwei große Sitzsäcke zu, damit das Rudel mit mir zusammen im Garten chillen konnte. Sobald die Säcke ausgebreitet wurden, kamen alle angelaufen und versuchten, die beste Position zu ergattern. Dabei gab es immer eine Gewinnerin: Emmi! Wenn sie mich aus großen Augen anhimmelte, dann schmolz mein Herz wie Eis in der der Sommersonne.

Es wurde schwieriger, die Zeit in der Hundeschule zu organisieren. Da die Wochenenden fast immer mit zwei Gasthunden belegt waren, befiel mich ein schlechtes Gewissen, diese allein zu Hause zu lassen. Ich vereinbarte deshalb mit dem Chef der Hundeschule, ab sofort nicht mehr samstags, sondern mittwochs zum Platz zu kommen.

Apropos Termine: Die Sommerferien begannen! Das bedeutete– endlich ausschlafen!

*

Erwähnte ich schon, dass Geduld nicht meine Stärke ist? Deshalb rief ich Mitte des Monats die Dame beim Veterinäramt an und erkundigte mich nach dem Stand der Dinge.

»Ach ja, Frau Sommer. Mein Kollege hat mir berichtet, dass Sie angerufen haben.«

War das gut oder schlecht? Wurde ich zu aufdringlich? Atemlos wartete ich auf weitere Auskünfte.

»Ich habe die Genehmigung bereits vorbereitet«, teilte sie mir emotionslos mit.

Unfassbar! Sie hatte sie vorbereitet! Die Genehmigung! Mein Ziel war zum Greifen nah! Ich konnte mein Glück kaum fassen. »Das ist super! Damit habe ich jetzt gar nicht gerechnet!«, brach es aus mir heraus.

»Wenn Sie die Genehmigung des Bauamtes sowie die Urkunde der Kölner Hundeakademie vorliegen haben, können Sie mir diese mailen. Dann schicke ich Ihnen die Genehmigung für die Hundepension zu.«

Mir verschlug es die Sprache! Das war toll! Ich aktualisierte noch den ursprünglichen Antrag, weil sich Pensionsname, E-Mail-Adresse und Internetseite geändert hatten, und mailte alles zusammen zum Veterinäramt. Konnte nicht alles so einfach sein?

Jetzt musste ich nur noch die Genehmigung in den Händen halten. Das Ende der zermürbenden Warterei kam in Sicht!

Dann konnte ich richtig loslegen: den Belegungskalender wieder online stellen, einen schönen Briefkasten mit Logo anschaffen, neue Flyer bestellen, meinen Namen beim Patent- und Markenamt schützen lassen.

*

Germanys next Dogmodel Stella ergänzte das Rudel, welches zurzeit aus Emmi, Kimba und Mio bestand. Dieser Konstellation sah ich etwas besorgt entgegen, weil vier große Hunde eine neue Herausforderung bedeuteten. Deshalb holte ich Stella bereits eine Woche zu einem Probetag ab. Wer weiß, wie zwei Hündinnen miteinander agierten? Von wegen – Zickenterror? Nach anfänglichem Geknurre von Emmi verlief das Kennenlernen gut.

Aber die Mischung von Mio und Stella enthielt Sprengstoff, da beide recht dominant auftraten und die Rangordnung nicht eindeutig geklärt wurde. Da musste ich achtsam sein, damit es nicht zu allzu großen Spannungen kam. Zum Glück lernte ich jeden Tag besser, die Körpersprache der Hunde zu lesen, sodass ich rechtzeitig eingreifen konnte, wenn die Stimmung kippte. Keiner der Hunde zweifelte bisher meine Chefposition an. Prima!

*

Emmi hatte in der Urlaubszeit Probleme mit dem linken Ohr gehabt, sie kratzte oft daran und hielt den Kopf schief. Ich behandelte sie mit Ohrentropfen und konnte eine Besserung feststellen. Da die Symptome zum Ende des Urlaubs erneut auftraten, informierte ich die Besitzer. Einen Gang zum Tierarzt vermied ich, weil Emmi zum einen vom Gesamterscheinungsbild einen guten Eindruck machte: Sie fraß, war munter, spielte wie immer. Zudem sollte ihr der Stress, mit mir einen fremden Tierarzt aufzusuchen, erspart bleiben.

*

Bei Emmis Abholung kam es zur ersten richtigen Klopperei mit Blutvergießen. Ich spielte mit allen Hunden im Garten, als Emmis Familie von Nina ins Haus gelassen wurde. Emmi freute sich unheimlich, dass ihre Lieben wieder zurück waren. Sie sprang an ihnen hoch, jaulte vor Begeisterung, leckte Hände ab, wollte überall gleichzeitig sein.

Als Stella schauen wollte, warum Emmi so aus dem Häuschen war, brannte bei der Border Collie-Spitz-Dame die Sicherung durch. Es fiel ihr generell schwer, die Aufmerksamkeit mit anderen Artgenossen zu teilen. Aber bei ihrer eigenen Familie hörte für sie der Spaß auf. Die wurde nicht geteilt! Das eröffnete sie Stella mit kurzem Knurren.

Die hörte aber nicht richtig hin und trat noch einen Schritt näher.

Es kam zu einer heftigen lauten Rauferei, bei der einige Fellfetzen flogen und Zähne klapperten.

Als wir die zwei Kampfhennen endlich trennen konnten, gab es eine Verletzte: mich! Aus einem ordentlichen Kratzer an meiner Wade, lief warmes Blut herunter. Nach außen hin blieb ich zwar ruhig, aber das Herz schlug bis zum Hals.

Ich brachte Stella ins Haus, damit auch die Halter von Emmi den Schreck verdauen und diese in Ruhe begrüßen konnten. Das merkte ich mir fürs nächste Mal. Der Hund, der abgeholt wurde, sollte mit seiner Familie separiert werden, damit die Wiedersehensfreude in Ruhe genossen werden konnte.

*

Um mal wieder etwas anderes zu sehen, fuhr meine ganze Familie mit Kimba und Stella nach Holland. Wir wollten einen Rundweg des Naturparks Maas-Schwalm-Nette erwandern. Da das Leinengehen mit Stella Schwerstarbeit darstellte, kam mir die glorreiche Idee, die neu angeschaffte neonorange-farbene Schleppleine einzuweihen. Stella besaß die Eigenart, beim Freilauf ungefähr fünf Meter vorzulaufen, um dann zu prüfen, ob wir noch alle da waren. Also bestand die Hoffnung, dass das an der Langlaufleine ebenfalls funktionierte. Allerdings vergaß ich, dass Stella außergewöhnlich neugierig und wasserbesessen war und dass sie niemals geradeaus lief, sondern ständig wie ein Hase im Zickzack. Also mussten wir alle auf der Hut sein, uns nicht in der Leine zu verheddern. Der Wald litt ebenfalls, weil durch das Verheddern der Leine junge Gräser und Büsche einfach abgeholzt wurden.

Eigentlich wollten wir zwölf km wandern, aber nach der Hälfte leierten meine Arme aus, und wir suchten lustlos eine Abkürzung zum Auto.

Man, besaß Stelle eine Power! Die Hoffnung, dass sie nach einiger Zeit ermüdete, erwies sich als falsch. Ob das an ihrem Barf-Futter lag? Die Fitness dieses Hundes beeindruckte mich!

*

Der heutige Tag lief etwas verquer. Eigentlich sollte Prinz Poldi kommen, aber das wurde abgesagt. Kaum plante ich, einen ruhigen Tag mit Kimba und Stella zu verbringen, erreichte mich ein Hilferuf von Oskars Frauchen. Das kam wie gerufen! Der von mir ernannte Rudelführer wäre für die Erziehung der dominanten Stella genau richtig. Sie konnte ab und zu einen Rüffel gebrauchen, wenn sie nicht ordentlich auf meine Anweisungen reagierte.

Aber so souverän trat der Schäferhund-Mallinois-Mix dieses Mal nicht auf. Er ließ sich zwar von Stella nichts sagen, aber sie auch nichts von Oskar. Es stand wohl unentschieden. Um eine Eskalation in meinem Garten zu vermeiden, zogen wir ab Richtung Niers. Es war heiß, und die Hunde konnten eine Abkühlung vertragen.

An einem Holz-Anlegesteg für Kanus und Boote, den ich als Wasserzugang für die Hunde nutzte, gönnten sich zwei Radfahrer eine Pause. Als sie mich mit den drei Hunden dort stehen sahen, sprachen sie mich an: »Sie können die Hunde ruhig ableinen. Wir haben keine Angst!«

»Das ist sehr nett von Ihnen«, freute ich mich, denn ich traf nur selten Menschen ohne Hund, die unbesorgt mit mir und der Meute umgingen. »Allerdings ist das nicht mein einziges Problem. Wenn ich die drei von der Leine lasse, springen sie höchstwahrscheinlich alle in die Niers und setzen beim Rauskommen diesen Steg hier unter Wasser. Ich möchte Sie nicht stören!«, erklärte ich meine Bedenken.

»Ach, das ist kein Thema! Wir setzen uns einfach weiter nach oben, da bleiben wir bestimmt trocken. Und ein bisschen Abkühlung bei dem heißen Wetter schadet nicht.«

»Also schön, Sie haben es so gewollt!« Mit einem Augenzwinkern löst ich zuerst Kimbas Leine und rief: »Kimba, hopp!«

Wie von einer Sehne geschnellt hatte mein brauner Schoko-Labbi nur auf dieses »Go!« gewartet und sprang mit einem weiten Satz ins Wasser. Mit lautem Platschen tauchte er unter, kam sofort wieder hoch und begann, elegant seine Bahnen zu ziehen. Mit der Strömung wurde er richtig flott und gegen die Strömung schwamm Kimba bedächtig wie ein Biber. Stolz beobachtete ich meinen Vierbeiner. Als Wasser-Apportier-Hund befand sich der Labrador hier in seinem Element.

Stella und Oskar sondierten die Lage zunächst skeptisch, als ich aber einen Ball zückte und in hohem Bogen in die Niers warf, sprangen die beiden mit zwei weiteren Platschern hinterher. Problematischer als der Einstieg gestaltete sich jedoch der Ausstieg. An dem Bootssteg kamen die Hunde nur wieder heraus, wenn ich sie sehr unsanft am Halsband heraushievte. Das schadete der Begeisterung nicht. Kaum hatte ich die vor Wasser triefenden Fellnasen aus dem kühlen Nass gezerrt, schüttelten sie sich und sprangen erneut hinein.

Wie versprochen stand der Steg nach kürzester Zeit unter Wasser, und wir Zuschauer erhielten die erwartete Abkühlung.

Kimba kannte sich besser aus und nahm einen Ausgang über die dicht bewachsene Böschung, aber Oskar und Stella kamen immer wieder zum Steg. Die graue Labrador-Dame konnte auch hier ihre hervorragende Fitness unter Beweis stellen. Sie schwamm mit einer beeindruckenden Ausdauer und wollte gar nicht wieder rauskommen.

Plötzlich wurde die Situation brenzlig. Einige Meter links vom Steg liegen zwei Röhren aus Plastik quer im Wasser, um die oben schwimmenden Algen zu stauen und zu sammeln. Diese werden regelmäßig von der Gemeinde mit einem Bagger aus der Niers gefischt, um den Fluss sauber zu halten.

Stella schwamm mit der Strömung bis zu den Rohren und versuchte genau dort, aus dem Wasser zukommen, glitt jedoch immer wieder ab. An dieser Stelle ist die Niers ungefähr 1,50 m tief und die Labrador-Dame konnte dort nicht stehen. Sie fand aber mit den Vorderpfoten an dem glatten Plastik keinen Halt. Langsam wurden ihre Bewegungen hektischer.

Oskar wurde unruhig. Er witterte Stellas Not und nun erwachte der Rudelführer in ihm. Aufgeregt lief er oberhalb der Böschung hin und her und suchte unentwegt einen Durchgang, um zu Stella vorzustoßen. Dafür ließ er sogar den Ball fallen, den er bis dahin mit lautem Knurren verteidigt hatte. Keine Sekunde lang ließ er Stella aus den Augen, deren Bewegungen schleppender und von verzweifeltem Jaulen unterstrichen wurden. Ihre Kräfte schwanden.

Ich spürte die aufkommende Panik! Ohne Rücksicht auf die vielen Brennnesseln schlug ich mich an der nächsten Stelle zu Stella durch, um sie mit bezirzenden Rufen anzulocken. Sie schaffte es bis zum Rand. Mit vereinten Kräften zogen Oskar und ich sie heraus. Puh, das war knapp! Noch eine Minute länger, und ich hätte mich in voller Montur in die Niers gestürzt.

Kurz nach der Rettung folgte der nächste Schreck: Stellas Rute hing schlapp herunter, obwohl sie ihn sonst sehr selbstbewusst nach oben trug. Der hatte sich bestimmt bei der Rettungsaktion irgendwo verklemmt. Hoffentlich wurde nichts gebrochen! Schon wieder stand ich vor der Entscheidung, den Tierarzt aufzusuchen. Vielleicht handelte es sich um eine Ermüdungserscheinung, bei der nicht nur ihr Schwanz, sondern auch der Stolz angeknackst wurde?

Als wir zurück nach Hause kamen, breitete ich die Picknick-Decke im Garten aus und wir legten uns zu viert in die Sonne. Der Wind, der durch die Blätter der Birke strich, und der Gesang der Meisen beruhigten unsere aufgewühlten Gemüter. Nach kurzer Zeit schliefen wir zusammen ein.

*

Ich fand eine Wunde am Rutenansatz. Da die graue Labrador-Dame jedoch sehr gutes Heilfleisch besaß, reichte es, die offene Stelle zu desinfizieren. Mit Creme wurde die Heilung zusätzlich beschleunigt und nach kurzer Zeit konnte Stella ihre Rute so selbstbewusst wie eh und je in die Höhe halten.

*

Obwohl die erste Wanderung in den Niederlanden nicht wie erhofft verlief, probierten wir es erneut. An einem ziemlich heißen Tag wählten wir einen Seerundweg: meine Familie, Kimba, Stella und Fides, der kleine sandfarbene Border Terrier. Leider mussten die Hunde auf den Wegen angeleint werden, weil Schafe, Kühe oder Wildpferde in diesem Areal frei herumliefen.

Die Hunde genossen die Abkühlung im See. Für uns Zweibeiner entwickelte sich die Wanderung zu einer schweißtreibenden Angelegenheit, weil es kaum Schatten gab. Das ewige »Wann sind wir denn endlich da?« der Kinder brummte in den Ohren wie das lästige Surren der vielen Fliegen und Bremsen. Das Ziel des Weges bestand darin, eine natürliche Brücke aus Steinen zu finden, die auf dem Foto im Internet einen sehr romantischen Eindruck vermittelt hatte.

Leider liefen wir von Anfang an in die falsche Richtung, sodass wir fast den gesamten See umrunden mussten, bis wir endlich erschöpft die Steinbrücke fanden. Diese führte zu einem Landstück, auf dem eine Gruppe von acht Wildpferden graste. Jetzt waren alle glücklich: Bernd, die Hunde und ich, weil wir unsere heißen Füße in kaltem Wasser baden konnten, und auch meine beiden Mädchen, die die zutraulichen Wildpferde mit Streicheleinheiten verwöhnten. Mit einem Mal war dies der beste Wanderweg aller Zeiten! Vom anfänglichen Genörgel wollten die zwei nichts mehr wissen und von den Wildpferden gar nicht wieder weg.

Allerdings mussten die Hunde an den Pferden vorbei. Am Eingang erfolgte ein Hinweis, dass von freilaufenden Tieren ein Abstand von 25 Metern einzuhalten sei. Das erwies sich als schier unmöglich, weil dieses Landstück gerade mal zehn Meter breit war. Außerdem machten die Pferde keine Anstalten, den Weg zu räumen. Anscheinend wurde ihnen die Information mit dem Abstandhalten vorenthalten. Im Gegenteil! Sie fanden die Fellnasen sehr spannend und kamen mit den Nüstern schnaubend immer näher.

Die Hunde reagierten alle unterschiedlich. Stella sprang verängstigt weg und wollte so schnell wie möglich an den Kolossen vorbei. Kimba zeigte sich etwas gelassener, nahm aber Reißaus, als die Pferde seinen Po beschnupperten. Fides fackelte nicht lange, sondern schnappte den Pferden als Warnung vor die Schnauze. Schnell weg hier! Wenn die Wildpferde in Wallung kämen, zertrampelten sie uns zu Brei!

*

Ende Juli starteten wir in den Sommer-Urlaub! Was packte ich ein? Meinen Mann, die beiden Töchter, Kimba und weil noch ein klitzekleinesbisschen Platz im Kofferraum war … auch noch Duncan! Der lag zwar wie eine Quetschwurst neben Kimba, aber da die Fahrtzeit nur etwas mehr als eine Stunde betrug, schafften die beiden das. Unser Domizil trug den wunderschönen Namen: *Eichhörnchens Waldwiese.* Es befand sich in der Nordeifel im Kreis Euskirchen. Der naturverbundene Name sowie die idyllischen Fotos der Außenaufnahmen hatten uns für die Ferienwohnung begeistert.

*

Bei unserer Ankunft merkte ich schnell, dass der Besitzer kein Hundefan war, als er zunächst meinen Mann mit Kimba begrüßte: »Herzlich willkommen! Oh, da ist ja Ihr

Hund.« Als er dann noch mich mit einem vollkommen aufgedrehten Duncan um die Ecke schießen sah, weiteten sich seine Augen. »Da ist noch einer. Der ist aber groß … und schwarz.«

Duncan war kaum zu halten. Nach der beengten Fahrt freute er sich unbändig, an der frischen Luft zu sein, in der alles nach Eichhörnchen duftete. Er zerrte von links nach rechts und blickte ein wenig irre drein.

»Hatten Sie wirklich zwei Hunde angemeldet? Die Wohnung ist gar nicht so groß!« In seinen Worten schwang absolute Panik mit. In Gedanken sah er wahrscheinlich bereits, wie die zwei Labradore die Ferienwohnung in Einzelteile zerlegten. Dabei hatten wir dem Vermieter unsere Kinder noch gar nicht vorgestellt, die warteten noch im Auto.

Ich versuchte, ihn zu beruhigen. »Die sind nur aufgeregt, weil alles neu ist. Die beruhigen sich gleich wieder. Außerdem hoffen wir auf schönes Wetter und werden die meiste Zeit draußen verbringen.« Schnell sandte ich eine entsprechende Bitte an den Wettergott.

Die Ferienwohnung bestand aus zwei Zimmern mit je einer Schlafcouch. Mein Blick wurde sparsamer. Selbst schuld, wenn wir die Beschreibung nicht ordentlich lasen! Die Küche versteckte sich im Heizungskeller, sehr kreativ! Als ich das Zwei-Platten-Kochfeld erblickte, wurde klar, dass es in den kommenden Tagen essenstechnisch spartanisch aussehen würde. Schließlich machten wir Urlaub! Auch wenn ich mir Arbeit, in Gestalt von Duncan, mitgenommen hatte.

Nach dem Auspacken erkundete mein Mann mit mir und den beiden Hunden die nähere Umgebung. Wie bei uns am Niederrhein wurden viele Felder mit Korn bestellt, doch die sich sanft wiegenden Hügel boten für die Augen eine wohltuende Abwechslung zu unserem platten Land.

Dummerweise hatte ich mir bei einer Toberunde mit den beiden Labradoren eine Rippe angeknackst. Es tat ziemlich weh und fühlte sich an, als durchbohrte etwas meine Lunge. Allerdings bin ich kein Weichei. Da Schmerztabletten zur Reiseapotheke gehörten, warf ich täglich zwei ein und wartete ab.

Am nächsten Tag besuchte ich das örtliche Krankenhaus in Mechernich, weil jeder Atemzug schmerzte. Zum Glück verliefen alle Untersuchungen schnell und das Ergebnis fiel beruhigend aus: Es war nichts gebrochen. Vielleicht verklemmt oder geprellt? Da konnte nichts gegen gemacht werden, es sollte in zwei bis drei Wochen deutlich besser werden. Juhu, schon wieder warten – die nächste Geduldsübung!

*

Unsere abenteuerlichste Wanderung unternahmen wir an einem Donnerstag, auf der Suche nach einem Höhlencache. Für alle, die *Cachen* nicht kennen: Das sind kleine *Schätze*, die von anderen Cachern versteckt wurden und mit Hilfe von GPS-Daten gefunden werden müssen. Eine Art moderne Schatzsuche mit digitaler Karte. Dadurch werden Wanderwege, die für Kinder meistens pure Langeweile bedeuten, unterhaltsamer. Die Schnüffelnasen der Hunde können an den Zielkoordinaten zur Schatzbergung hervorragend eingesetzt werden.

Der aktuelle Fundort lag nicht allzu weit von unserer Position entfernt und sollte nach einer Brückenüberquerung ungefähr 500 Meter weiter in einem Wald versteckt sein. Aber ... keine Brücke! Durch einen sintflutartigen Regen in der vorangegangenen Woche wurde diese, sowie Teile einer Weide und des Waldes, weggespült. Wir mussten zunächst aus den umliegenden Hölzern einen neuen Weg über den vier Meter breiten Bach bauen, dessen Wasserstand deutlich zugelegt hatte. Sehr zur Verwunderung der Hunde, die einfach nicht begreifen konnten, warum wir Menschen es immer so kompliziert machten. Man konnte einfach durch den Fluss laufen! Dabei bekam man zwar nasse Pfoten, aber das kühle Nass lieferte bei dem warmen Wetter eine herrliche Erfrischung.

Nein, wir Menschen wollten trockenen Fußes den Fluss überqueren. Während Bernd und ich eine schmale Stelle suchten, hörten wir über uns eine Stimme: »Hier geht's rüber!«

»Sehr witzig! Falls es dir noch nicht aufgefallen ist, Schatz – wir gehören der Gattung *Homo Sapiens* an. Kann ja nicht jeder so ein Kletteräffchen sein wie du!«

Kopfüber hangelte meine Marie von einem Ast zum nächsten. Mit einem triumphierenden Lachen landete sie elegant auf der anderen Seite.

»Hut ab! Du bist großartig! Aber wir müssen uns trotzdem einen anderen Weg suchen. Bei uns sähe das nicht elegant aus! Wir landen bestimmt kopfüber im Wasser!«

Von beiden Seiten legten wir größere Äste an einer flachen Stelle quer übers Wasser. An der breiten Schneise konnten wir erkennen, wo das Wasser sich den Weg bergab gebahnt hatte. Der Teil einer Weide war samt Zaun weggespült worden, überall lagen mächtige Stämme herum und hatten sich in Sträuchern verkantet.

Zu diesem Zeitpunkt möchte ich nicht hier gewesen sein. Bei der Betrachtung der Verwüstung konnte einem angst und bange werden. Nachdem wir trocken angekommen waren, bewegten wir uns entlang der Schneise weiter Richtung Cachekoordinaten, bis auch dieser Weg nicht mehr begehbar war.

Dann schmissen zuerst unsere Kinder die Zivilisiertheit in den Bach und wateten inklusive Anziehsachen mittendurch. Kurze Zeit später sahen wir Erwachsenen ebenfalls keine andere Möglichkeit und stürzten uns mitten ins kühle Nass.

Die Hunde rannten begeistert mit, endlich hatten wir es begriffen! Think simple! Nach einiger Zeit gewöhnten wir uns an das schmatzende Geräusch in den Schuhen und fühlten uns wie *Robinson Crusoe* in den Tropen, denn genau so sah es hier aus.

Nach einem mühseligen Weg fanden wir die gesuchte Höhle. Auch die wurde vom Wasser überspült. Hoffentlich lag der Cache noch in seinem ursprünglichen Versteck! Doch wir hatten Glück, konnten den Schatz bergen und uns ins beiliegende Logbuch eintragen – sozusagen als Beweis.

Mit Hilfe von weiteren GPS-Daten suchten wir einen neuen Weg und schlugen uns quer durch die Botanik zu einem Feldweg durch. Toll, endlich wieder trockenen Betonboden unter den Füßen zu haben. Abenteuer pur!

»Wir haben Hunger!«, tönte es bei der Heimfahrt vom Rücksitz und auch mein Magen machte sich lautstark bemerkbar. Da erschien ähnlich einer Fata Morgana ein Imbiss vor uns. »*McDonald's!*«, scholl es begeistert von hinten. Ohne große Diskussionen wurde eine sündige Bestellung im *McDrive* aufgegeben.

Unser zufriedenes Schmatzen wurde durch hungriges Gewinsel aus dem Kofferraum getrübt. »So geht das nicht! Die Hunde müssen auch was haben!«

Als hätten die Geschäftsführer sich abgesprochen, stand direkt neben dem Fastfood Restaurant eine *Fressnapf*-Filiale. Also wurden noch zwei dicke Extraknochen besorgt, die mit Haut und Haaren von den Vierbeinern vertilgt wurden.

Am Tag danach gab mein Körper auf. Die Schmerzen in der Rippe hielten an, in den Beinen spürte ich einen höllischen Muskelkater und der Rest des Körpers wurde von einer heftigen Erkältung gepackt. Schluss mit Bewegung, ab in die Hängematte! Ein Tag Pause. Mein Mann kümmerte sich netterweise um die Hunde und verwöhnte mich mit Kaffee und leckeren Teilchen. Als weiteres Seelenpflaster gab es ganz viele Schmuseeinheiten mit Duncan und Kimba.

*

Zu Hause angekommen, suchte ich unseren Sportmediziner in Oedt auf. Ich musste drei Stunden im Wartezimmer ausharren und wurde danach in alle Richtungen gebogen. Ein Nerv hatte sich verklemmt. Der Wunderheiler verpasste mir die ersten Akkupunkturnadeln meines Lebens, aber nach kürzester Zeit trat Besserung ein. Bereits am nächsten Tag konnte ich wieder den Rasen mähen. Juhu!

Erkenntnisse des Monats:

- Was lange währt, wird endlich gut!
- Geduldig zu sein ist meine schwerste Übung.
- Tiere sind die beste Medizin.
- Auf neuen Wegen macht man neue Erfahrungen.
- Nie die Hoffnung aufgeben!
- Wer nicht wagt, der nicht gewinnt!

August 2016

In Rumpels Familie kam es zu Veränderungen. Weil beide Halter beruflich eingespannt waren, sollte der kernige Terrier nach den Sommerferien dreimal die Woche zu mir kommen. Kein Problem, hatte sich der grauhaarige Terrier mittlerweile zum gern gesehenen Dauergast entwickelt. So verlor ich mit Duncan einen Stammgast und gewann den nächsten. *Bleibt alles anders* – würde *Herbert Grönemeyer* singen.

*

Anfang August gab es wieder besondere Post. Dieses Mal vom Marken- und Patentamt. Damit mir niemand mehr mein Logo oder den Firmennamen streitig machen konnte, hatte ich eine entsprechende Eintragung beantragt. Jetzt lag mir die offizielle Urkunde der Bundesrepublik Deutschland vor: die Wort-/Bildmarke *Dogilli* gehört ab sofort mir!

*

Da ich mich mit Australian Shepherds mittlerweile besser auskannte, musste eine Steigerung her. Was war besser als ein Aussie? Richtig – zwei Aussies!

Das Frauchen von Izzy und Chilli fand über *Facebook* meine Homepage. Die beiden Fellnasen leben im selben Haushalt, sind aber unterschiedlich wie Tag und Nacht. Izzys Fellfärbung geht ins schwarz-braun-weiß, vom Wesen her wirkt sie sehr entspannt und folgsam. Bei Chilli gilt: *nomen est omen.* Sie trägt ein rot-braun-weißes Fell, ist total wibbelig, hyperaktiv und dabei extrem sensibel. Eine feurige Mischung!

Die beiden Mädchen trafen auf den ausdauernden Rumpel. Dieses Trio ergänzte sich hervorragend. Den ganzen Tag über wurde getobt und gespielt. Der kernige Terrier humpelte beim Abholen erschöpft. Gut, dass er Morgen Pause hatte!

*

Eines Abends begann Chilli zu husten. Klang gar nicht gut, als wollte sie etwas auskotzen, was aber feststeckte. Das erinnerte mich sehr an Kimbas Zwingerhusten.

Da sich am nächsten Morgen keine Besserung einstellte, wollte ich zu ihrem Haus-Tierarzt, aber der machte Urlaub. War klar! Jetzt musste die Arme mit mir zu einer fremden Praxis.

Die behandelnde Ärztin untersuchte die aufgeregte Aussie-Dame, die sich verängstigt an mich drückte. »Es ist Zwingerhusten! Die kleine Maus bekommt jetzt eine Spritze gegen die Schmerzen und für die nächsten zwei Tage Tabletten. Dazu Schleimlöser. Das sollte helfen, wenn nicht, müssen Sie nochmal reinkommen!«

»Das ist doch ansteckend, oder?«, wollte ich wissen.

»Ja, Sie sollten in den nächsten drei Tagen jeglichen Hundekontakt vermeiden!«

»Was ist mit meinem Hund und der Schwester von Chilli? Die sind die ganze Zeit zusammen!«

»Da kann man jetzt nichts mehr machen. Nur hoffen, dass deren Immunsystem stark genug ist. Auch Chilli war gegen Zwingerhusten geimpft, aber bei sensiblen Hunden kann die Krankheit trotzdem ausbrechen.«

Ein herber Rückschlag für Rumpel. Er musste nun zu Hause bleiben. Da der kleine Terrier in meiner Nähe wohnt, sammelte ich ihn lieber dort ein und ging mit ihm extra spazieren. Er sollte sich nicht anstecken!

*

Die Aussie Mädels kletteten unheimlich liebebedürftig an mir, das ging übers normale Maß hinaus. Sie akzeptierten meinen eigenen Wohlfühlbereich nicht, sprangen gerne auf mich drauf, um mir voller Begeisterung durchs Gesicht zu lecken. Aber auch meine Liebe hatte Grenzen! Diese wurden ständig in Frage gestellt, da die Ladies auf Stühle und Bänke sprangen und vom Tisch Sahne, Schinken oder Kuchen klauten. Was für ein krasser Haufen! Das war anstrengender, als Flöhe zu hüten.

Kaum gedacht, wurde der Wunsch schon erfüllt. Chillis Husten klang ab, aber da sie sich ständig kratzte, untersuchte ich das Fell und fand – Flöhe! Izzy und Kimba begannen ebenfalls mit der Kratzerei, auch bei mir fing alles an zu jucken. Oh nein, nicht Flöhe!

Ich rief die Ärztin an: »Sommer, hier – von der Hundepension *Dogilli*. Ich war vor drei Tagen mit der schüchternen Australian Shepherd-Dame bei Ihnen.«

»Ich erinnere mich, geht es schlechter?«, sorgte sich die Ärztin.

»Nein, der Husten ist viel besser. Allerdings hat sie jetzt Flöhe!«

»Sind Sie sicher?«

»Ich habe kleine schwarze Dinger gefunden, die ziemlich hoch hüpfen können. Muss ich damit vorbeikommen?«

»Nein, lassen Sie den Hund lieber zu Hause! Das wird zu viel Stress für die kleine Maus. Kommen Sie vorbei, ich gebe Ihnen eine Tinktur mit. Allerdings müssen Sie Kimba und Izzy direkt mitbehandeln. Und Ihre Wohnung auch!«

Oh nein! Mein ganzes Haus auf links drehen – alles waschen! Alle Hundedecken, Hundehandtücher, Bettzeug durch die Waschmaschine und den Trockner jagen. Ich schickte ein kleines Dankgebet für diese technischen Wunderapparate los. Da die beiden Aussies vom Speicher an in jeder Ecke gewesen waren, musste überall geputzt, gesaugt, mit dem Dampfreiniger gereinigt werden. Die

Ecken, die ich nicht erreichen konnte, wurden mit Flohspray bearbeitet. Da fiel es selbst mir schwer, die Hunde mit aller Hingabe zu streicheln, weil es mich ständig juckte. Zum Glück verbrachte Nina eine Woche Ferien bei einer Freundin in der Eifel, und Marie war in einer Jugendherberge. Also litten nur Bernd und ich unter dieser Außnahmesituation.

Auch Duncan musste ich leider absagen. Durch Izzy und Chilli kam wirklich viel Unruhe rein. Eine kraftraubende Zeit. Hoffentlich wurde es mit Raschids Einzug ruhiger!

*

Auf dem letzten Spaziergang mit den beiden Aussies merkte ich, wie sehr meine Nerven gelitten hatten.

Izzy sprang in einen der stinkenden Gräben, obwohl ich darauf achten sollte, dass sie wegen des Anti-Floh-Mittels drei Tage lang nicht mit Wasser in Berührung kam.

Aber ich wurde durch Kimba abgelenkt, der mir zurzeit gehörig auf die Nerven ging, weil die Erntezeit anbrach. Das bedeutete für meinen verfressenen Retriever: Möhren, Kartoffeln, Mais – alles in Hülle und Fülle! Weil das aber in großen Mengen unbekömmlich war und in unserer Umgebung mehrfach Warnhinweise bezüglich vergifteter Köder auftauchten, blieb ich nicht mehr entspannt. Jedes Mal meckerte ich mit Kimba und musste ihn an die Leine nehmen. Dann trottet er wie ein begossenes Schaf hinter mir her, was er wiederum nicht verdiente, weil er ansonsten ein Vorzeigehund ist. Also machte ich ihn wieder los, er fraß irgendetwas, ich regte mich auf, er kam an die Leine mit betroffenem Gesicht. So könnte das Spiel unendlich weitergehen.

Weil ich mit ihm meckerte, passte ich nicht auf Izzy auf, die in den Graben sprang und vom Bauch an voll mit schwarzer, stinkender Masse bekleckert war. Diese musste ich zu Hause mit dem Gartenschlauch abbrausen. Brrrr!

Wer war schuld? Natürlich der Hundeführer, weil er nicht aufgepasst hatte! Aber diese immer gleiche Ausrede für die Unarten der Hunde konnte ich nicht mehr hören. Dabei bemühte ich mich so sehr, alles richtig zu machen. Aber das Pensum konnte ich nicht 24 Stunden am Stück durchhalten!

Deshalb verzog ich mich nach Izzys Reinigungsaktion mit einem Stück Schokolade auf mein Trampolin. Dort kam kein Hund hin! Mein Akku war alle! Ich konnte nicht mehr! Ich hatte es nicht drauf!

*

Mitte August zog Raschid, der große Kangal, für 16 Tage ein. Er freute sich, wieder bei uns zu sein, er wackelte sogar ein wenig mit der Rute und ging zügig durch die Eingangstür. Größtenteils wollte ich ihn allein in meiner Pension betreuen, ohne einen zweiten Gasthund, aus Unsicherheit, wie er mit anderen Hunden harmonierte. Hauptsache, er verstand sich mit Kimba!

Unsere erste Hundebegegnung mit der Mischlingshündin Lotte aus der Nachbarschaft verlief sehr gut. Raschid wirkte auf fröhliche Weise aufgeregt und zog am Stachelhalsband, allerdings nicht so stark, wie ich befürchtet hatte. Prima, dass er sich mit Lotte verstand, die Hündin sollte in Kürze für drei Tage zu mir kommen.

Am nächsten Morgen trafen wir eine weitere Hündin – gleiches Spiel wie bei Lotte. Dann begegnete uns Sam, ein schwarzer kastrierter Labrador. Sein Herrchen leinte ihn ab, weil Sam an der Leine provozierend bellt. Zu meiner Freude kamen auch die Rüden miteinander klar. Erst als Sam dann doch bellte, machte Raschid einen Satz nach vorn. Aber ich konnte ihn gut halten und gewann langsam Zutrauen in Raschid.

*

Den Morgen darauf begleitete mich mein Mann. Wir gingen mit Raschid und Kimba in ein Wäldchen in der Nähe der Dorenburg. Nach einer Weile kamen uns zwei Männer mit zwei angeleinten und zwei unangeleinten Hunden entgegen. Ich verzog mich mit Raschid an den Wegrand und hielt ihn ziemlich kurz. Als die anderen Hunde zu bellen anfingen, blieb Raschid recht ruhig. Bernd passierte mit Kimba die Gruppe, die ersten drei Hunde gingen an mir vorbei.

Da näherte sich einer der Männer, um Raschid zu begrüßen. Der letzte Hund wurde neugierig und kam ebenfalls zu mir. Dann ging es ziemlich schnell. Raschid machte einen Satz nach vorn, krempelte den Kleineren auf den Rücken und bedrängte ihn massiv von oben. Lautes Geknurre und Gebelle setzte ein. Es klang furchtbar! Ich zog mit aller Kraft an der Leine, um Raschid zurückzuhalten. Einmal kam es zu einer kurzen Pause, in welcher der kleine Hund sich befreien konnte, doch er lief nicht weg und wurde sofort wieder von Raschid gepackt.

Mein Puls raste durch die Adern, die Arme zitterten vor Anstrengung.

Da schrie mich der Mann an: »Jetzt nehmen Sie Ihren Hund zurück!«

Obwohl ich sonst ein sehr ruhiger Mensch bin und mich fast nie in kontroverse Diskussion mit fremden Menschen traue, konnte ich mich nicht zurückhalten und erwiderte: »Sehen Sie denn nicht, dass ich mit allen Kräften an der Leine ziehe! Nehmen Sie Ihren Hund zurück. *Meiner* ist an der Leine!«

Er ging dazwischen, bekam seinen Hund zu packen und befreite ihn, wurde jedoch bei der Aktion am Arm geratscht. Sofort schimpfte er weiter: »Wie können Sie mit so einem Hund ohne Maulkorb durch die Gegend laufen? Verpassen Sie dem sofort einen Maulkorb!«

Ich zitterte wie Espenlaub, was für eine unangenehme Situation! Wir sahen zu, dass wir uns von diesem Schauplatz entfernten.

Ein Stück weiter blieben wir stehen und führten eine Bestandsaufnahme durch. Warum war das geschehen? Der fremde Mann kam mit seinem unangeleinten Hund auf uns zu. Sein Hund blaffte den Kangal an. Raschid ging ohne Vorwarnung in eine aggressive Abwehrhandlung über, verletzte dabei den anderen Hund nicht, hätte das aber mit Leichtigkeit gekonnt. Trotzdem ließ er nicht von dem Kleinen ab, als der unterworfen am Boden lag.

Mein Mann beruhigte mich: »Dich trifft keine Schuld. Was hättest du tun sollen? Du hast deinen Hund an der Leine, hälst ihn kurz, gehst der Begegnung aus dem Weg. Wenn der andere seinen Hund freilaufen lässt, sollte er das nur machen, wenn er ihn sicher zurückrufen kann!«

Das sah ich genauso. Trotzdem erschreckte mich Raschids heftige Reaktion, weil sie für mich aus dem Nichts heraus geschah. Außerdem wurde mir deutlich, dass ich ihn ohne Stachelhalsband nicht hätte halten können.

*

Abends erhielt ich eine WhatsApp von Rumpels Frauchen. »Heute ist mir der Zwerg abgehauen. Rate, wo er hingelaufen ist? Ich fand ihn vor deiner Haustür sitzen. Wahrscheinlich wollte er seine Hundekumpels besuchen!«

War das nicht süß? Mir öffnete es das Herz. Doch ich sollte darauf achten, dass die Zuneigung nicht zu weit ging. Ich möchte nicht zwischen Hund und Besitzern stehen. Dieser Platz stand mir absolut nicht zu!

*

Weil mich Raschids Verhalten skeptisch werden ließ, verabredete ich im Feld ein Treffen mit Rumpel und seinem

Frauchen. Der kleine Terrier sollte in der kommenden Woche an drei Tagen bei mir sein, und ich wollte vorher testen, ob die beiden zusammenpassten.

Als der kleine Terrier Kimba und mich erkannte, lief er uns freudig von weitem entgegen, viel schneller als sein Frauchen. Als Rumpel den großen Kangal erblickte, wurde er deutlich langsamer, kam dann vorsichtig mit dem Schwanz wedelnd auf Raschid zu.

Da dieser vor mir stand, konnte ich an dessen Mimik nicht beobachten, ob er warnend die Lefzen hob oder irgendeine Drohgebärde unternahm. Auf einmal machte der Kangal einen Satz, warf den kleinen Terrier auf den Rücken und drücke ihn mit dem Kopf zu Boden.

Rumpel gab quietschend hohe Töne von sich, die in Hundesprache den anderen Partner sofort zur Aufgabe bewegen sollten. Das war ein absolut astreines Unterwerfungszeichen sowie ein Hilferuf. Sein Frauchen schrie erschrocken auf!

Zum Glück kam der grauhaarige Terrier schnell wieder frei und suchte unverzüglich das Weite. Weg von diesem großen Kerl!

Wir gingen ein Stück auseinander. Rumpels Frauchen untersuchte den Terrier hektisch auf Unversehrtheit. Seine Schreie hallten noch in meinen Ohren.

Ich verzog mich mit Raschid und Kimba ins Feld. Mir saß der Schreck in den Gliedern. Wie konnte ein Hund ohne Vorwarnung auf einen anderen, definitiv friedlichen Artgenossen losgehen?

Rumpel wollte sich mir und den Hunden nicht mehr nähern, noch nicht einmal mit einem Leckerli unter der Nase konnte er dazu bewegt werden, an der Stelle des Angriffs vorbeizugehen. Mein Vorschlag, in einigem Abstand nebeneinander herzugehen, konnte deshalb nicht in die Tat umgesetzt werden.

Aber so konnte ich Rumpel nicht zurücklassen. Deshalb brachte ich Raschid und Kimba nach Hause und kehrte ohne die Hunde zurück zum Terrier. Er sollte diesen großen Schrecken nicht mit mir verknüpfen.

Mittlerweile waren die Besitzer von Scoopy am Ort des Geschehens eingetroffen, und die Zweibeiner tauschten sich über die Geschehnisse aus. Mit einiger Erleichterung stellte ich fest, dass Scoopy und Rumpel unbeschwert miteinander spielten. Schön zu sehen, dass der Terrier nach dieser Attacke eine positive Verknüpfung zu Artgenossen herstellte. Als die Vierbeiner mich erblickten, kamen sie freudig um die Wette zu mir gelaufen. Hoffentlich hatte dieser Schreck bei dem tapferen Terrier keinen Schaden hinterlassen!

Die Hoffnung bestätigte sich allerdings nicht. Wie ich später erfuhr, hatte der Kangal den kleinen Rumpel tatsächlich gebissen. Dieser durchlitt in der darauffolgenden Nacht schwere Alpträume und musste am nächsten Tag zum Tierarzt.

*

Selbst ohne dieses Wissen schlief ich schlecht und machte mir große Sorgen, ob es Sinn machte, Raschid mit anderen männlichen Hunden zu kombinieren. Ich entschied mich dagegen.

Aus meinen Seminarunterlagen hatte ich gelernt, dass Kangals ein ausgeprägtes Territorialverhalten an den Tag legen. Sie müssen früh sozialisiert werden und besitzen eine geringe Reizschwelle. Bei der Übernahme eines erwachsenen Herdenschutzhundes ist bei fehlender Gewöhnung an unsere Zivilisation sein Verhalten fast nicht mehr umkehrbar. Wenn man ihn korrigiert, kann oft mit ernsthafter Gegenaggression gerechnet werden. Kein Anfängerhund!

Rumpel musste ich zunächst zu Hause betreuen. Bedeutete zwar doppelte Arbeit für mich, aber ein Zusammentreffen von Raschid mit anderen männlichen Hunden musste vermieden werden. Rumpels Besitzer wollten die Angelegenheit nicht weiter verfolgen und machten mir keine Verwürfe.

Ich bin sehr froh, solch nette Hundehalter zu kennen, die auch in schwierigen Situationen zu mir hielten und konstruktiv nach Lösungen suchten.

*

Kurze Zeit später folgte der nächste Knaller. Ich ging mit Kimba und Raschid im Feld spazieren. Sobald ich in der Ferne einen Hund auftauchen sah, wich ich mitten auf den Acker aus. Das funktionierte, soweit der andere Hund ebenfalls an der Leine lief. Wenn der Abstand groß genug blieb, hatte Raschid damit kein Problem.

Es näherte sich jedoch Atos, ein Flat-Coated Retriever aus der Nachbarschaft – ohne Leine. Normalerweise interessierte er sich wenig für seine Artgenossen. Aber nicht heute! Was machte der Kerl, anstatt seines Weges zu ziehen und Raschid und mich links liegen zu lassen? Er kam auf uns zu! Stellte sich quer vor Raschid, Nackenhaare hoch und starrt ihm in die Augen.

Diese offensichtliche Provokation reizte Raschid bis aufs Blut. Er flippt an der Leine total aus, wollte den Fremdling zu Gulasch verarbeiten.

Ich schrie Atos an: »Hau ab! Verschwinde!« Aber er kam immer näher. »Hol' deinen Hund hier weg!« Doch der Zweibeiner hörte mich nicht.

Es brach lautstarkes Gebell los. Atos sprang um Raschid und mich herum, jedoch immer in einer Entfernung, dass Raschid ihn nicht packen konnte. Der Kangal wollte dem Herausforderer an die Gurgel und zerrte an der Leine, an der wiederum ich verzweifelt zurückzog, was meine Muskeln hergaben. So fest, dass Raschid bald nicht mehr bellen, sondern nur noch heiser röcheln konnte.

Atos ließ nicht locker, fand das Spiel wahrscheinlich sogar noch unterhaltsam!

Mein ganzer Körper bebte, das Blut rauschte durch die Ohren. Ewig hielt ich dieses Kraftspiel nicht durch. Ich schrie dem Herrchen von Atos zu: »Beeil dich gefälligst, ich kann den Kangal nicht mehr lange halten!«

Er kam in recht ruhigem Schritt, beschleunigte jedoch, als er merkte, dass deutliche Panik in meiner Stimme mitschwang. Atos wurde gepackt, angeleint und weggezerrt.

Kurz und gut, es gab keine Verletzten, aber mir reichte es! Wie konnte man jemandem, der sich nicht gut mit Kangals auskannte, solch einen Hund anvertrauen? Ohne Maulkorb?

Ich konnte schlecht alle bekannten Hundehalter hier auf dem Land anhalten, ihre Hunde ab sofort an der Leine zu führen und einen weiten Bogen um mich und Raschid zu machen.

Bernd analysierte wieder recht pragmatisch: »Mit Raschid kannst du nur da langgehen, wo dir auf keinen Fall Hunde ohne Leine entgegenkommen. Also – an der Straße!«

*

Lotte sollte kommen. Ich konnte gar nicht fassen, wie ich jemals auf die Idee kommen konnte, einen anderen Hund als Raschid zur gleichen Zeit in meinem Haus aufzunehmen. Meine Nervosität stieg!

Das erste Aufeinandertreffen fand im Garten statt. Ich packte Raschid am Stachelhalsband, Lottes Herrchen hielt sie ebenfalls an der Leine. Und? Gar nichts! Alles entspannt. Als wäre es für Raschid das Natürlichste der Welt, friedlich mit anderen Hunden umzugehen. Okay, ich konnte aufatmen. Mit Mädels ging es also. Lotte konnte bleiben!

Meine Eltern besuchten uns am Samstag, es wurde ein schöner Tag. Menschen gegenüber verhielt sich Raschid vorbildlich: lieb, verschmust und anhänglich. Der perfekte Hund für drinnen!

*

Mit unserer Straßen-Taktik überstanden wir die nächsten Tage ohne weitere Vorfälle. Bis Raschid eines Abends meinte, dass es ziemlich blöd wäre, allein unten zu bleiben, wenn sich alle anderen Rudelmitglieder zum Schlafen in den oberen Stock zurückzogen. Als ich bettfertig aus dem Bad trat und Richtung Schlafzimmer trottete, stand Raschid auf einmal vor mir und hechelte mich mit heraushängender Zunge an. Mein schmaler Flur kam mir auf einmal winzig vor, mit diesem Kalb mittendrin.

Moment – hatten seine Besitzer nicht gesagt: *Er geht keine Treppen?* Da schwante mir, dass es ein böses Erwachen geben würde.

Am nächsten Morgen quetschte ich mich schlaftrunken am friedlich auf dem Flurteppich schlummernden Raschid vorbei ins Bad und bereitete mich auf die erste Gassi-Runde vor. Bernd war vor Sonnenaufgang zur Frühschicht aufgebrochen und meine Kinder schliefen im Ferienmodus bis zur Mittagszeit. Ich war also der alleinige Chef meines Mini-Rudels.

Da stand der große Kangal auf dem Treppenabsatz und schaute mit zweifelnd gerunzelter Stirn auf die schmalen Stufen meiner U-förmigen Treppe hinab. Seine Augen blickten mich an, als wollten sie sagen: *Hey, du – Frauchen auf Zeit! Wie bitte soll ich denn diesen Abstieg bewerkstelligen? Der geht um zwei Kurven und ist mördersteil!*

Meine Antwort kam prompt: »Na, du bist raufgekommen, da wirst du es wieder runterschaffen. Tragen werde ich dich auf keinen Fall! Du bist schließlich kein Chihuahua.«

Mein leichtgewichtiger Labrador Kimba ging das Problem auf seine eigene Art an. Er flitzte die Treppe hoch und runter. Anscheinend wollte er Raschid beweisen, wie einfach das war. *Schau, Kumpel! Das ist ein Klacks! Einfach los und laufen lassen. Du kannst dich zwar nicht so flink und geschmeidig bewegen wie ich, aber das machst du locker mit Muskelmasse wieder wett.*

Raschid ließ die schwarzen Lefzen beeindruckt hängen, ging jedoch keinen Schritt weiter.

Da ich bereits auf meinen Spaziergängen erleben durfte, wie der ruhige Raschid in Sekundenschnelle auf Angriff umschalten konnte, wollte ich es auf keinen Fall mit Druck versuchen und begann, ihn sanft zu locken: »Raschid, komm! Das ist gar nicht so schlimm, wie es aussieht. Du bist ein ganzer Kerl und keine Mimi. Wenn du mit nach unten kommst, suche ich dir etwas Besonderes aus der Leckerli-Dose raus!«

Meine Bemühungen, ihn auf diese Art das gigantische Treppenhindernis hinunterzubekommen, prallten am sandfarbenen Fell ab. *Dann bleib ich halt hier oben,* schien er zu sagen.

Ich dachte: *Okay, das hältst du nicht durch. Spätestens, wenn du hörst, dass wir zum Spaziergang aufbrechen, wirst du runterkommen.*

So einfach wollte es mir mein Gast jedoch nicht machen. Also musste ich mit Kimba allein losziehen. Nach meiner Rückkehr hoffte ich, Raschid mit vorwurfsvollem Blick hinter der Haustür vorzufinden, aber – Fehlanzeige!

Beim Frühstück überlegte ich weiter, wie ich dem großen Kerl aus seiner misslichen Lage helfen konnte. Wäre Raschid ein kleiner Hund, hätte ich nicht gezögert, sondern ihn geschnappt und nach unten befördert – aber 55 kg? Das Kraftpaket konnte ich weder tragen noch ziehen, brachte ich gerade mal zehn Kilo mehr auf die Waage. Dort oben, in dem schmalen Flur und dem nur etwas größeren Badezimmer, konnte er jedoch nicht allzu lange bleiben. Irgendwann forderte Mutter Natur ihr Recht. Ich bewaffnete mich mit Raschids Leibspeise – einem Leberwurstbrot.

55 freudig tänzelnde Kilos erwarteten mich auf dem Treppenabsatz. Beim Anblick des Brotes leckte Raschid sich voller Vorfreude über die Nase und schnappte nach dem ersten Stück. Als er den nächsten Happen nehmen wollte, lockte ich ihn gleichzeitig auf die oberste Stufe.

Raschid legte sofort den Rückwärtseingang ein, und ich erntete erneut einen spöttischen Blick: *Was für ein billiger Plan!*

»Okay, das hast du durchschaut. Dann kriegt halt der Kimba dieses leckere Brot. Kimba!«

Es dauerte keine zwei Sekunden, bis mein Labrador angeflitzt kam und die Schnitte ungläubig aus meiner Hand fraß. So etwas Tolles gab es für ihn sonst nie. *Mehr davon!*

Während Kimba noch schmatzte, weil die Leberwurst hartnäckig an den Zähnen klebte, trottete Raschid zurück ins Badezimmer, ließ sich auf den kühlen Fliesen nieder und hechelte angespannt.

Ich setzte mich zu ihm und begann, ihn zu streicheln. »Hach, Raschid, so kann das nicht weitergehen! Du hast gestern Morgen zum letzten Mal dein großes Geschäft gemacht und abends dein kleines. Ich weiß nicht, wie lange du als Hund sowas aushalten kannst. Also, ich schaff das keine Stunde.« Ich konnte sein großes Herz heftig schlagen fühlen. »Du bist kein großer Esser, das weiß ich. Damit kriegen wir kein Problem, aber trinken solltest du auf jeden Fall! Ich stell dir hier einen Wassernapf hin. Wenn du

Durst hast, bedien dich! Ist nicht schlimm, wenn du schlabberst. Das wisch ich nachher wieder auf.«

Mit einem tiefen Seufzer legte Raschid seinen schweren Kopf auf den Pfoten ab und leckte mir einmal über die Hand.

»Ich weiß, wer uns helfen kann! Ich rufe den Chef vom Hundeplatz an. Der kennt sich mit jeder Rasse aus.«

Zum Glück erreichte ich Markus direkt und schilderte ihm mein Problem.

»Was ist Raschid für eine Rasse? Ein Kangal? Okay, dann musst du vorsichtig sein. Kangals sind autarke Hunde. Die kannst du nicht einfach durch die Gegend schieben. Der Kerl befindet sich in einer für ihn beängstigenden Lage. Wenn du ihn bedrängst, kann das in Aggression umschlagen. Warte lieber ab, bis er so hungrig oder durstig ist, dass er von alleine runterkommt!«, riet mein Chef vom Hundeplatz.

Mittlerweile war es dreizehn Uhr geworden, und ich wollte zum zweiten Spaziergang aufbrechen.

Der Kangal schaute unverändert mit hängendem Kopf die Stufen an. Er konnte einfach seine Angst nicht überwinden, den ersten Schritt zu tun.

Unfassbar, dieser große Kerl, der sich draußen aufführte wie der Boss der ganzen Siedlung, hatte so viel Schiss vor ein paar Treppenstufen.

Nachdem ich vom Spaziergang zurück war, suchte ich meine Hundebibel – *Cesar Millans: Du bist der Rudelführer* und ging zurück zu Raschid. »Na, mein Großer? Immer noch hier oben? Wir fragen jetzt den besten Hundeflüsterer aller Zeiten. Der hat es echt drauf! Irgendwo gab es ein Kapitel über einen Hund, der nicht über Fliesen gehen wollte. Das ist ähnlich wie bei dir.« Fieberhaft überflog ich die Seiten, bis ich triumphierend ausrief: »Was hab ich gesagt? Hier steht's! Der Hund war super ängstlich und wollte nicht mehr weitergehen. Und wer war schuld? Natürlich das Frauchen, das sich mittlerweile panisch in das Problem hineingesteigert hatte!« Ich zwinkerte Raschid zu: »Kann ich mir gar nicht vorstellen, wie jemandem sowas passieren kann!«

Der Kangal schaute mit hoffnungsvollen Augen zu mir auf.

Ich jubelte: »Hier steht die Lösung: Der Rudelführer – in unserem Fall also ich – muss eine klare, ruhige Energie ausstrahlen. Dann vertraut ihm der Hund und alles wird gut. Aber ein bisschen Geduld werden wir brauchen, bei Cesar hat es zehn Minuten gedauert. Also los! Das schaffen wir!«

Da standen wir beide auf der Treppe. Raschid oben, ich zwei Stufen tiefer. Und warteten. Warteten. Kimba saß neben mir, hechelte mich an und versuchte zu ergründen, wohin dieses merkwürdige *Ich steh' still*-Spiel führen sollte. Oder vielleicht wartete er einfach nur auf das nächste Stückchen Leberwurstbrot?

Ich begann, Atemübungen zu machen, um mich in eine ruhige, positive Energie zu begeben. Wie sich so etwas wohl anfühlte? Nach acht Minuten blickte ich nervös auf die Uhr. Oh weia! Geduld ist absolut nicht meine Stärke. Dabei werde ich total rappelig, und das ist das Gegenteil von ruhig. Es klappte nicht. Ich bin schließlich nicht *Cesar Millan*!

Zwei Stunden vergingen. Die Lage blieb unverändert. Da klingelte es an der Tür.

»Brigitte, dich schickt der Himmel!«, begrüßte ich meine Freundin erfreut. »Komm schnell mit mir nach oben, du musst mir helfen! Du kennst dich mit Herdenschutzhunden aus, dein Poldino ist doch auch einer. Ich habe da einen bei mir in der ersten Etage stehen, und der kommt nicht mehr runter.«

»Hast du Futter zum Locken?«

»Warte, ich schmiere dir schnell eine Leberwurstschnitte, die isst er am liebsten.«

Ohne weitere Fragen eilte das Frauchen von Poldino zu Raschid in den oberen Stock, dicht gefolgt von Kimba, der wieder diesen verführerischen Leberwurstduft in der Nase hatte.

»Hallo Raschid! Wow, du bist aber ein stattlicher Kerl! Guck mal, was ich dir mitgebracht habe. Lecker, lecker Leberwurst. Hm, ist die fein!«

Raschid tänzelte vor Begeisterung im Kreis, so toll fand er Brigittes hohe Stimmlage und das Brot. Als meine Freundin sich ihm näherte, bekam Raschid nicht nur den Wurstgeruch, sondern auch die Duftnote des Zuchtrüden Poldino in die Nase. Der Kangal begann zu knurren. Um Brigitte nicht in Gefahr zu bringen, mussten wir auch diesen Versuch ergebnislos abbrechen.

Kimba war der einzige, dem dieser Rückschlag nichts ausmachte, konnte er doch daraufhin auf seiner zweiten Schnitte an diesem Tag herumschmatzen.

Tränen der Verzweiflung standen in meinen Augen, als Bernd gegen sechszehn Uhr nach Hause kam.

Er schlug vor, Raschid mit mir zusammen herunterzutragen. Was für ein blöder Vorschlag! Bei der Aktion sah ich uns zu dritt die Treppe abwärts dübeln. Nein, das kam nicht infrage!

Stattdessen rief ich meinen Tierarzt an, zu dem auch Raschid geht. Nachdem ich ihm meinen und Raschids Leidensweg geschildert hatte, trat erst einmal Stille ein.

»Also, … so eine Geschichte habe ich noch nicht gehört. Warten Sie …! In unseren Unterlagen steht nicht, dass er angstaggressiv ist. Sie können es also mit Ziehen und Schieben versuchen. Aber machen Sie das auf keinen Fall ohne Maulkorb!«

»Wie lange schafft er es denn, seine Bedürfnisse zurückhalten? Kann da im schlimmsten Fall was Platzen?«, sorgte ich mich.

»Na, so langsam aber sicher wird es knapp mit der Zeit«, bestätigte der Arzt meine Befürchtung und beruhigte mich mit dem nächsten Satz: »Aber platzen tut da nix. Wenn er es nicht mehr halten kann, dann lässt er laufen.«

Ich atmete erst einmal tief durch. Gut, dem armen Kerl konnte nichts passieren! Im schlimmsten Fall versaute er mir das geflieste Badezimmer oder den Teppich im Flur. Damit konnte ich leben.

Ich ging zu meinem Nachbarn Herbert. Er besaß zwei Neufundländer, kannte sich also mit großen Hunden aus. Herbert war der einzige, von dem ich wusste, dass er einen Maulkorb in solch einer Größe zu Hause hatte. Außerdem gab er ebenfalls Hundetraining auf unserem Platz, und wenn jemand einen Vierbeiner mit seiner Stimme bezirzen konnte, dann mein Nachbar – er säuselt sogar noch schöner als Poldinos Frauchen.

Herbert freute sich, mir helfen zu können, und begleitete mich, bewaffnet mit Maulkorb und Schlingleine, zum gestrandeten Kangal. Jetzt bekam ich Hund-Mensch-Kontaktaufnahme vom Feinsten vorgeführt. Herbert gab Raschid erst einmal Zeit, ihn zu beschnuppern. Dann wurde der Kangal kräftig getätschelt und mein Nachbar prüfte, wo er den Hund überall anfassen konnte, ohne dass dieser in Stress geriet. Das klappte gut. Den Maulkorb ließ er sich anlegen. Da dieser nicht richtig passte, packten wir den jedoch wieder beiseite.

Danach versuchten wir gemeinsam, Raschid vorn und hinten anzuheben – mit und ohne zu Hilfenahme von Handtüchern. Das gefiel dem Kangal gar nicht und er begann, hektisch nach hinten auszubrechen.

»Okay, wir machen eine kurze Pause, damit sich das Muskelpaket wieder beruhigt«, empfahl Herbert.

Raschid schnaubte und schob sich an uns vorbei ins Badezimmer, wo er den Wassernapf halbleer soff. Kimba, der immer noch nicht verstand, was heute in unserem Haus ablief, folgte ihm begeistert. *Ein Wassernapf im Badezimmer. Das gab es noch nie!* Also trank er den Napf ganz leer, und mein Badezimmer sah aus, als hätte es reingeregnet.

Nachdem alle Gemüter wieder abgekühlt waren, setzte Herbert die Schlingleine ein. Dann zog er von unten und ich schob von oben. Raschid gab zwei Schritte nach und hatte somit zwei Stufen geschafft. Da machte der Dussel einen Satz nach hinten und landete auf meinem Fuß. Egal, jetzt ließen wir nicht mehr locker. Im Duett säuselten wir, dass es in den Ohren schrillte, und gleichzeitig zog Herbert mit aller Macht an der Leine, ich schob – und Raschid ging.

Ein paar hektische Schritte in der Kurve. Dann stoppte der Kangal unverhofft, erschrocken darüber, dass er mitten auf diesem supersteilen Höllengerät stand. Wir setzten zum Endspurt an. Noch ein kräftiger Zug, ein energischer Schubs, Raschid stolperte um die letzte Kurve - geschafft!

»Juhu, Herbie! Du bist der Größte. Mein Held!« Ich fiel meinem Nachbarn um den Hals und tanzte mit ihm ausgelassen durchs Wohnzimmer.

Erleichtert tobten Raschid und Kimba um uns herum. Jetzt herrschte hier positive Energie. Keinesfalls ruhige, aber definitiv positive!

Die ganze Anspannung der letzten Stunden fiel von mir ab: »Wer braucht *Cesar Millan*, wenn er Herbert Dückers haben kann!«, freute ich mich erleichtert.

Dann kannte Raschid nur noch eins: raus! In den Garten. Pullern. Endlich!

*

Als Raschid abgeholt wurde, und ich seinen Haltern mein Klagelied sang, reagierten diese mehr als erstaunt. »Das kann gar nicht sein! So viele problematische Szenen hatten wir mit Raschid in den letzten fünf Jahren nicht.«

Der Kangal zeigte mir die Grenze der Belastbarkeit auf. Die normalen Runden gingen nicht, es durfte kein Rüde zu mir kommen, bei jedem Spaziergang befand ich mich in höchster Alarmbereitschaft. Auch wenn es mir leidtat, noch einmal konnte ich ihn nicht nehmen! Vielleicht lag es an mir? Vielleicht brachte meine eigene Unsicherheit Raschid dazu, seine angeborenen Schutzinstinkte zu verdoppeln? Wie auch immer, ich war urlaubsreif!

Erkenntnisse des Monats:

- Es beweist Mut, seine Grenzen anzuerkennen.
- Den Namen *Dogilli* kann mir keiner mehr nehmen!
- Immer wenn man denkt es geht nicht mehr … kommt noch ein Schüppchen obendrauf!
- Es ist wunderschön, Freunde zu haben, die mir in schwierigen Situationen mit Rat und Tat zur Seite stehen.
- *Nein-Sagen* lernen!

September 2016

Ab nach Norderney zum Island Triathlon, bei dem mein Mann zusammen mit unserem Nachbarn startete. Wir hatten zusammen in Dornum ein Haus gemietet. Meine Familie mit Kimba, die Nachbarn mit einem Kind sowie dem Hovadoodle Diego. Diese Rasse ist eine Kreuzung von Hovawart und Königspudel, ungeschoren sieht er aus wie ein Schaf, ist aber so groß wie ein Pony.

Da mir Bockmist bei der Hundeplanung passiert war, und ich dem kleinen Spaniel Scoopy zugesagt hatte, nahmen wir die halbe Portion mit dem Einverständnis seiner Besitzer mit in den Urlaub.

Nach einer sehr nervigen Autofahrt folgte eine komplett missglückte Schlüsselübergabe, und die Pizzabestellung am Abend ging auch noch schief. Total erschöpft richteten wir uns im Ferienhaus ein.

Scoopy empfand alles als fremd und nicht geheuer, was er durch permanentes, hohes Bellen kundtat. Abends um 23.00 Uhr lagen wir alle erschossen im Bett, ohne Bettzeug, weil wir wieder die Hausbeschreibung nicht ordentlich studiert hatten. Kein Bettzeug, keine Handtücher! Improvisation war gefordert!

*

Nach diesem extrem schlechten Start ins Wochenende ging es um 10.30 Uhr auf die Fähre nach Norderney. Alles proppenvoll, Scoopy nur am Bellen. Er weigerte sich, nur eine Pfote auf dieses Monsterboot zu setzen. Also – tragen und gut zureden. Erst auf Maries Schoss kam der genervte Kerl etwas zur Ruhe. Nach 50 Minuten legten wir an, und die Bellerei ging weiter. Puh, das hatte ich mir anders vorgestellt! Diego und Kimba meisterten die Überfahrt ohne Probleme.

Er gab erst Ruhe, als wir am Meer ankamen und eine schöne Stelle entdeckten, an der wir ausgiebig mit Bällen am Wasser spielen konnten. Zum Glück spielte das Wetter mit, es waren hervorragende Bedingungen. Hier ließen die Hunde und ich die Seelen baumeln. Allerdings nicht unbedingt leise, weil Scoopy auch beim Ballspielen lautstark agierte.

Danach setzten wir uns klitschnass, aber zufrieden, hin und feuerten die beiden Triathleten beim Rennen lautstark an. In der Zeit schlief Scoopy. Wahrscheinlich dachte er: *Prima, wenn ihr jetzt das Krachmachen übernehmt, dann kann ich ein Nickerchen machen!*

Auf der Rückfahrt verpassten wir durch miserables Timing eine Fähre und mussten eine Stunde auf die nächste warten. Tja, da hatten wir gezwungenermaßen die Gelegenheit, das Meeresrauschen noch ein Weilchen länger zu genießen. Auf dem Schiff herrschte angenehme Leere. Aufgrund des einsetzenden Nieselregens zogen wir uns ins Innere zurück.

Nachts ging es los! Es schüttete wie aus Kübeln. Und was passiert mit Hunden, die zu viel Salzwasser trinken? Richtig, sie bekommen Durchfall! Perfekt! Keiner hatte Regenklamotten eingepackt. Da ich immer diejenige bin, die als erste wach wird, wenn ein Hund »Piep!« macht, zog ich alles an, was ich fand und ging raus. Nach zwei Minuten waren Kimba, Scoopy und ich komplett durchnässt. Das Beste: Im Norden werden nachts die Straßenlaternen abgeschaltet! Ich stand also im Stockdunklen und lauschte, ob die Hunde ihr Geschäft verrichteten. Zum Glück lagen in Scoopys Reiserucksack zwei Handtücher, sodass ich mich und die Hunde nach dem nächtlichen Vergnügen notdürftig abtrocknen konnte.

Auf der Rückfahrt am nächsten Tag kamen wir zügig voran. Glücklicherweise genoss Scoopy die Autofahrt und gab keinen Mucks von sich. Trotzdem bot das Wochenende nicht die Entspannung, die dringend notwendig gewesen wäre.

*

Der Bekannte einer Freundin kam mit seinem sechs Monate alten Irish Setter Enno zum Kennenlernen vorbei.

Es interessierte mich stets, warum Hundehalter sich für eine bestimmte Rasse entscheiden. Leider denken einige vor der Anschaffung des Hundes nicht ausreichend über die spezifischen Rasse-Bedürfnisse nach und treffen die Entscheidung häufig nach dem Aussehen.

Das Herrchen von Enno gehörte definitiv nicht zu dieser Gruppe. Er überraschte mich mit folgender Antwort: »Meine Frau und ich haben beschlossen, Jäger zu werden. Deshalb haben wir uns bewusst für einen Gordon Setter entschieden. Er geht mit zur Jagd und muss das Federvieh auftreiben. Im Moment gehen wir mit ihm in die Hundeschule und üben Grundgehorsam, aber Enno soll zusätzlich jagdlich abgerichtet werden.«

Das verschlug mir zunächst die Sprache. Bei dem Wort Jäger springt in meinem Kopf eine ganz bestimmte Schublade auf. Ältere, oft dickere Männer, die zu zehnt eine Wiese einkreisen. Gerne mit Flinten und Stühlen bewaffnet, weil sie nicht lange stehen können. Das konnte ich hier im Herbst oft genug beobachten.

Dieser angehende Jäger passte nicht in meine Schublade, deshalb wurde ich neugierig: »Warum wollt ihr Jäger werden?«

»Tja, ich bin leidenschaftlicher Koch. Ich esse gerne und vor allen Dingen Fleisch, bevorzugt Wildfleisch. Ich kann allerdings die Massentierhaltung nicht mit meinem Gewissen vereinbaren. Also möchte ich es wie früher machen und die Tiere, die ich essen möchte, selbst erlegen.«

»Ich könnte niemals ein Tier erschießen!«, brach es aus mir heraus.

»Aber du isst Fleisch?« Auf mein Nicken hin fuhr er fort: »Das ist doch ziemlich scheinheilig, oder? Wir Jäger unterliegen hohen Auflagen. Wir können nicht einfach abschießen, was uns vor die Flinte läuft. Meine Frau und ich müssen tüchtig büffeln, um den Jagdschein zu bekommen. Allerdings hat das Tier, das ich erlege, bis dahin ein glückliches Leben in freier Wildbahn genossen. Dann esse ich lieber weniger Fleisch!«

Okay! Das saß!

*

Ein anderes Treffen mit einem sehr interessanten Menschen fand kurz darauf statt. Auf Empfehlung des Frauchens von Emmi, der *kleinen Wolke* aus Duisburg, erkundete ein junger Mann meine Homepage und rief mich begeistert an. Er besaß seit wenigen Monaten einen ungefähr zwei Jahre alten Mischlingshund namens Pelle, ein Podenco-Mix aus dem Tierschutz.

Der arme Kerl lebte zuvor auf Kreta. Völlig unterernährt wurde er dort in einem Tierheim aufgepäppelt und anschließend nach Deutschland gebracht.

Sein neues Herrchen engagiert sich für Tierschutz, holt Hunde vom Flughafen ab und hilft bei der Vermittlung. Doch von diesem dürren Klappergestell mit dem seidig schwarzen Fell konnte er sich nicht mehr trennen. Dabei arbeitet der Zweibeiner in zwei Unternehmen. Zum einen ist er Geschäftsführer der Firma *punktbar* für Webdesign, zum anderen Bassist der Mittelalter-Rock-Band *Saltatio Mortis*. Deren letztes Album stand auf Platz 1 der deutschen Albumcharts! Vielleicht sollte ich mich auf Bandhunde spezialisieren – musikalische Früherziehung? Der Hundebesitzer tourt oft mit der Band durch Deutschland und war von meiner Hundepension so begeistert, dass er sofort den Vertrag unterschrieb.

Direkt am nächsten Tag fand Pelles Testtag bei *Dogilli* statt. Ehrlich gesagt, war ich skeptisch. Ein Hund aus dem Tierschutz, Vergangenheit … unbekannt, Macken … unbekannt. Keiner konnte ahnen, was er in der Zeit auf Kreta erlebt hatte, außer, dass er sicher kein Leben in Luxus verlebte. Dann der Stress im Shelter, wie die dortigen Auffangstationen für Hunde genannt werden, die unbekannten ärztlichen Untersuchungen, der Flug nach Deutschland – dadurch wurden viele Hunde traumatisiert.

Der Podenco reagierte bei Geräuschen, die er nicht zuordnen konnte: Flugzeug, Bus, Trecker, der Nachbar an der Mülltonne, ein Moped. Bei Allem sprang er auf und bellte aufgeregt. In Pelle wurde die Angst vor dem Unbekannten jedoch durch Neugierde besiegt. Für ihn bedeutete jeder Spaziergang ein gigantisches Abenteuer und jeder Hund ein neuer Spielkamerad. Wenn ich diesen Wirbelwind dabeihatte, brauchte ich weder Frisbee noch Ball, Pelle war besser als jedes Spielzeug. Mit seiner Begeisterung riss er einfach alle mit. Jede seiner Fasern strahlte Lebensfreude aus, der weder Zwei- noch Vierbeiner widerstehen konnten. Man musste einfach mit ihm Spaß haben! Pelle hielt mir ein Lebensmotto deutlich vor Augen: *Lass das, was gestern war, hinter dir! Du kannst es nicht mehr ändern! Sorge dich nicht über das, was Morgen kommt! Lebe … Jetzt!*

Allerdings waren Schuhe, Anziehsachen sowie Stofftiere gefährdet, da Pelle die Neigung besaß, diese Schätze zu verschleppen, um drauf herum zu kauen. Ein guter Grund aufzuräumen!

*

Eigentlich hatte ich für den nächsten Tag etwas Tolles geplant. Zu Pelle kam Rumpel dazu und zusammen wollten wir Prinz Poldi besuchen gehen und dort den Geburtstag seines Frauchens feiern.

Leider hatte ich die Rechnung ohne Rumpel gemacht. Der liebe, süße, kernige Terrier konnte Pelle nicht leiden. Kein Stück. Nicht ein bisschen. Er knurrte den Neuling sofort an, plusterte sich mächtig auf, ging stocksteif – wie *John Wayne* kurz vor einem Revolverduell.

Der Podenco versuchte alle Beschwichtigungsgesten: Pfote anheben, über die Schnauze lecken, klein machen, Blick abwenden, aus dem Weg gehen. Rumpel war absolut nicht gewillt, die Friedenspfeife zu rauchen.

Der Terrier unterband zudem jedes schöne Spiel zwischen Kimba und Pelle. Ständig ging der kleine Kerl dazwischen und drängte die Großen auseinander. Was war bloß in den Zwerg gefahren?

Entweder spielten wieder die Hormone verrückt, oder die Schrecksituation mit Raschid saß ihm noch in den Knochen. Vielleicht Eifersucht? Als Dauergast hatte er sicherlich das Gefühl, hier zu Hause zu sein. Wobei er mit allen anderen Hunden bisher sozial spielte, aber die waren alle kastriert. Pelle nicht!

Puh, jetzt hatte ich ein Problem! Mit diesem angespannten Rudel wollte ich nicht beim Zuchtrüden Poldino auftauchen. Das musste ich absagen! Netterweise hatte das Frauchen dafür Verständnis.

Aber es hörte nicht auf! Pelle wurde durch Rumpels ständiges Angeknurre noch nervöser und bellte immer mehr. Meine Laune ging den Bach runter, und zum ersten Mal stauchte ich Rumpel verbal ordentlich zusammen. Er unterwarf sich zwar, doch das penetrante Verhalten besserte sich nicht. Nachdem der Terrier abgeholt wurde, schlief Pelle erst einmal eine Stunde und erhielt von mir zur Entspannung eine Reiki-Einheit. Das half auch mir!

*

Nächster Tag – Rumpeltag. Ich musste etwas ändern! Nur beim Spaziergang an der Leine gingen Rumpel und Pelle ohne Meckern miteinander um. Also brachen wir am frühen Morgen zu einer großen Runde auf. Die krawalligen Fellnasen mussten müde gemacht werden. Müde Hunde – sind zufriedene Hunde!

Es funktionierte! Nach anfänglichem Gemurre liefen wir die Strecke teils an der Leine und teils ohne. In einem schönen Waldstück fand eine Teambildungsmaßnahme statt. Zuerst wurde noch geknurrt, doch bald hatten alle drei Spaß daran, miteinander die Hügel rauf und runter zu rennen, sich in Kuhlen zu verstecken, einander mit Stöcken im Maul zu jagen. Rumpel entspannte mehr und mehr. Seine Rute wedelte wieder weicher, sein Gang ging federnder.

Auf einmal tauchte ein Spaziergänger mit drei Hunden auf. Nach kurzem Beschnuppern spielten alle sechs zusammen. Nach fast zwei Stunden trafen wir zu Hause ein. Alle Vierbeiner bekamen Futter und schliefen danach erschöpft zufrieden ein. Gut gemacht!

*

Lotte aus der Nachbarschaft machte Kurzurlaub bei mir. Auf einem Spaziergang traf ich ein anderes Mensch-Hunde-Gespann. Das Herrchen fragte besorgt: »Ist das Lotte?«

Der nervöse Unterton in seiner Stimme war nicht zu überhören. Das rief bei mir Verwunderung hervor, weil Lotte bisher mit keinem Hund Schwierigkeiten zeigte. Deshalb antwortete ich ziemlich entspannt: »Ja, sie bleibt übers Wochenende bei mir. Warum?«

»Lotte und Emma können nicht miteinander!«

Ein Blick auf die Hunde sagte etwas anderes. Emma knurrte ein wenig. Lotte blieb komplett ruhig. Kein Anzeichen von Aggressivität oder Rivalität. »Sieht nicht so aus!«

»Komisch, sonst gehen die beiden immer wie zwei ausgehungerte Werwölfe aufeinander los«, wunderte sich der Zweibeiner.

Ich wagte einen Denkanstoß. »Vielleicht liegt es daran, dass ich das nicht weiß?«

»Wie meinst du das?«, kam prompt die Frage.

»Die Hunde sind viel sensibler, als wir häufig glauben. Sie nehmen unsere Schwingungen auf, können merken, ob wir gut drauf sind, traurig, ängstlich oder wütend. Da ich von dem Zwist der beiden Hündinnen nichts weiß, verhalte ich mich völlig normal. Diese *Unaufgeregtheit* spürt Lotte und kann deshalb locker bleiben. Emma war kurzzeitig nervös, weil du es warst. Jetzt, wo wir eine Weile nebeneinander gehen, wirst du lockerer, deshalb kann auch Emma die Anspannung loslassen.«

Eine Weile dachte er über meine Worte nach. »Klingt schlüssig. Und wie stell ich meine Aufgeregtheit ab?«

Ich lachte kurz. »*Das* ist der schwierige Teil. Wenn wir einmal eine schlechte Erfahrung gemacht haben, wollen wir diese nicht wieder erleben. Wir gehen ihr weiträumig aus dem Weg. Dabei ist es besser, sich der Situation zu stellen und zu merken, dass nichts passiert. Dann können wir die negative Verknüpfung korrigieren.«

»Wie du das sagst, klingt es nicht schwer«, lobte er mich.

»Leider ist es viel leichter gesagt als getan. Es gibt schließlich für die Umprogrammierung keinen Knopf. Das braucht einiges an Geduld.« Schmunzelnd fügte ich hinzu: »Und Geduld ist wiederum eine Übung für sich!«

*

Ein Neuzugang zog ein. Lucky, der Hunde-Opa. Er war damals stolze 16 Jahre alt, besaß kurzes weißes Fell, sandfarbene Ohren, ziemlich lange Beine. Ein Mix, in dem viel Jack Russell steckte. Ich bezeichne Jack Russell gerne als

Mafiabosse. Häufig sind sie die Anführer in ihrem Wohngebiet. Klein, aber oho! Lucky trug mit Stolz etliche Narben zur Schau, und sein Herrchen bestätigte, dass Lucky in jungen Jahren gerne raufte.

Doch die Kämpferzeiten waren vorbei. Mittlerweile sah und hörte er nicht mehr gut, bewegte sich ziemlich steif. Kein Wunder – mit 112 Jahren würden wir Menschen auch nicht mehr rundlaufen!

Als ich ins Bett ging, hörte ich Lucky eine Runde nach der anderen durch mein Untergeschoss trapsen. Wie ein Marathonläufer. Seine Krallen hinterließen leise klackernde Geräusche auf dem Fliesenboden. Um Mitternacht lief er immer noch. Der arme Kerl fühlte sich in der fremden Umgebung unwohl und wusste nicht, wohin mit seiner nervösen Energie – ähnlich wie ein Löwe im Käfig. Dabei konnte ich ihm leider nicht helfen. Als ich um 1:00 Uhr nach ihm sah, hatte er sich beruhigt und ein Plätzchen im Flur gefunden.

Am nächsten Tag holte Lucky den versäumten Schlaf nach. Den ersten Spaziergang verpennte er komplett. Um elf Uhr streckte er sich und ging mit mir ein kleines Stück.

Es machte ihm sichtlich Spaß, mitten unter den anderen Hunden zu sein. Wenn die größeren tobten, und es in meinem Wohnzimmer wilder zuging, stand Lucky immer im Auge des Tornados. Die anderen Hunde passten jedoch auf, dass sie den Opa nicht anrempelten. Instinktiv hatten sie erkannt, dass Vorsicht geboten war.

Seine nächste Nacht verbrachte Lucky sofort im Flur und schlief durch. Es verwundert mich immer wieder, wie schnell sich Hunde an die ungewohnte Situation gewöhnten. Toll!

*

Um Lucky ein wenig mehr von unserer schönen Umgebung zu zeigen, aktivierte ich den Fahrradanhänger, der seit dem Tod meines ersten Hundes Maverik in der Garage verstaubte. Ich polsterte den Anhänger mit weichen Kissen aus und stellte Lucky hinein. Zunächst war es für den kleinen Kerl noch recht ungewohnt und er zitterte. Doch bereits nach kurzer Zeit legte er sich hin und ich konnte mit den Hunden einen tollen Ausflug in die nahe gelegenen Wälder unternehmen. Hut ab vor diesem zähen alten Kerl!

Wir gelangten an eine mit Stacheldraht eingezäunte Kuhweide. Die Wiederkäuer kamen sofort neugierig zum Zaun, um die Hunde mit ihren schwarzen nassen Nasen zu beschnuppern.

Was machte Opa Lucky? Der kaum vorankam, auf den wackeligen Beinchen? Er stürmte regelrecht an mir vorbei zu den Kühen und blieb mit dem rechten Bein im Stacheldraht hängen. Sein hektisches Zerren verschlimmerte die Lage nur noch.

Ich ließ alles fallen, was ich in Händen hielt und versuchte ihn ruhig zu halten. Lucky wurde jedoch nicht gerne festgehalten und versuchte wiederum, sich aus meinem Griff herauszuwinden. Vorsichtig fummelte ich den Stacheldraht aus dem Oberschenkel heraus. Ein recht großes Stück Haut war aufgerissen, die Wunde blutete aber zum Glück nicht!

Da der tapfere Opa nicht getragen werden wollte, humpelte er zurück bis zum Hänger. Zu Hause verarztete ich die Wunde mit Desinfektionssalbe.

Sein Halter stellte Lucky beim Arzt vor, dort wurde die Wunde verbunden und er bekam Schmerztabletten. Aufgrund seines fortgeschrittenen Alters sah man von einer Operation ab.

Bereits nach drei Wochen war der Kämpfer wiederhergestellt und freute sich auf den nächsten Besuch bei mir.

Erkenntnisse des Monats:

- Lebe im Jetzt!
- Weniger Fleisch essen!
- Der Hund spiegelt die Emotionen des Menschen.
- Das Leben ist ein ewiger Lernprozess.
- In Notsituationen – Ruhe bewahren!
- Alter schützt vor Torheit nicht. (alte Weisheit)

Oktober 2016

Im Oktober herrschte weitestgehend friedliche Stimmung in meiner Hundepension. Die Fellnasen kamen oft einzeln. Wir lernten uns gegenseitig besser kennen, sodass wir langsam zu einem eingespielten Team wurden. Dazu kam, dass ich mit meiner Familie zwei Wochen nach Mallorca flog – ohne Hund! Kimba durfte in der Zeit Ferien bei meinen Eltern machen und seine alleinige Prinzen-Stellung in vollen Zügen genießen.

*

Beim Arbeitsamt galt ich zurzeit als arbeitslos. Bei meinem ehemaligen Arbeitgeber hatte ich eine Abfindungsvereinbarung unterschrieben. Deshalb sperrte das Arbeitsamt drei Monate lang die Zahlung, sodass die Hundepension mein einziges Einkommen darstellte. Zum Glück begleitete mich eine nette Beraterin bei diesem Amt. Wir beide stimmten überein, dass ich zwar als arbeitslos galt, aber eigentlich nicht ohne Arbeit war. Die Hundepension lief noch im Nebenerwerb.

Also wagte ich den nächsten Schritt, meldete mein Nebengewerbe in ein Hauptgewerbe um und stellte einen Antrag auf Gründungszuschuss. Raus aus der nicht vorhandenen Arbeitslosigkeit! Rein in die Selbständigkeit! Eigentlich hatte ich diesen Schritt für später geplant. Da wusste ich auch noch nicht, dass meine Geschäftsidee so viele Interessenten anlocken würde.

Das bedeutete für mich: wieder ab an den Schreibtisch, Anträge schreiben – und einen Businessplan erstellen. Das klang immer noch hochtrabend für mein kleines Gewerbe, musste aber sein. Da mir ganz am Anfang die Dame vom Finanzamt damit gedroht hatte, kam ich um diesen ominösen Plan nicht herum. Zudem musste ich zum Erhalt des Zuschusses den Besuch eines Gründungsseminares nachweisen.

In Kempen befindet sich das TZN, Technologie- und Gründerzentrum Niederrhein. Dort werden solche Seminare angeboten. Also verbrachte ich mit sieben weiteren ambitionierten Gründungswilligen ein sehr lehrreiches Wochenende in Kempen. Dabei wurden die Themen: der Unternehmer, Businessplan, Geschäftsidee, Gründungsform, Marktanalyse, Standortfrage, Risikoanalyse, Rentabilität, Liquidität und öffentliche Fördermittel behandelt.

Auch wenn vieles davon für mein Unternehmen bereits geklärt war, gab es genug interessante Punkte. Für die Erstellung des Businessplans bot das TZN einen separaten Wochenendkurs an. Da mich mein dortiger Existenzgründungsberater, Herr Pohl, großzügig mit Informationsmaterial versorgt hatte, traute ich mir zu, mich diesem Thema allein zu stellen. Mit Zahlen und Worten konnte ich umgehen!

Allerdings musste der Plan wohl formuliert sein. Ich wollte nicht zu schüchtern und unerfahren wirken, aber auch nicht großkotzig. Also bastelte ich mehrere Tage, bis ich mit allem zufrieden war. Dieser Plan musste von Herrn Pohl abgesegnet werden.

Bei einem persönlichen Gespräch zeigte er sich von meiner Geschäftsidee sehr angetan. »Ich habe mir ihre Homepage angesehen. Das läuft ziemlich gut bei Ihnen. Ich habe mir schon Gedanken darüber gemacht, wie wir Ihre Pension vergrößern können.«

»Vergrößern?«, echote ich nur.

»Ja, Sie müssten jemanden einstellen, dann können Sie noch mehr Hunde aufnehmen. Die Nachfrage scheint da zu sein.«

Ich musste über seine euphorische Begeisterung lächeln. »Es tut mir leid, Sie bremsen zu müssen, aber ich kann mich nicht vergrößern. Das Veterinäramt hat mir nur zwei Gasthunde genehmigt.«

Als wäre die Luft aus einem Ballon gewichen, sackte er zusammen. »Oh, das ist blöd! Egal! Sie können Ihre Dienstleistung prima erweitern. Mit Fotos von den Hunden. Oder Tassen. Oder Kalendern! Oder speziellem Spielzeug, das man nur bei Ihnen bekommt!«

Hut ab vor seinem Engagement. Ich sprang auf den Zug auf. »Wie wäre es mit einem Buch? Ich habe angefangen, Geschichten über die Hunde aufzuschreiben.«

Das überzeugte ihn nicht. »Hm! Vielleicht könnten Sie das Konzept verkaufen?«

»Versteh ich nicht. Was für ein Konzept?«

»Wie Sie das angestellt haben – mit Ihrer Hundepension. Franchising!«

»Franchising?« Ich kam mit seinem Tempo nicht mit. »Aber Franchising ist doch das, was McDonald's und Fressnapf machen!«

»Ja, genau! Die haben auch klein angefangen. Ein Konzept aufgeschrieben, wie das Geschäft zu führen ist, und dann verkauft. Das könnten Sie auch machen!«

»Ich weiß nicht! Mein Hauptkonzept liegt darin, dass ich so toll mit Hunden umgehen kann. Dieses Gefühl für die Hunde kann ich nicht einfach aufschreiben und vervielfältigen.«

Er atmete einmal tief durch. » Egal, denken Sie darüber nach! Was Sie aber auf jeden Fall als nächsten Schritt tun sollten, ist die Presse informieren!«

»Ich soll in die Zeitung?«

»Aber klar! Ich habe schon viele Existenzgründer in die Zeitung gebracht. Das ist doppelte Werbung! Einmal für das TZN – und für Sie.« Er drückte mir die Visitenkarte eines Mannes in die Hand. »Schreiben Sie Herrn Jürgen Karsten an. Er ist Pressereferent a.D., führt aber immer noch einige Interviews für uns durch. Er schreibt bestimmt einen tollen Bericht über Ihre Pension!«

*

Der Herbst ging dem Ende entgegen, die Temperaturen sanken, zum Glück blieb es trocken. Auf einem Spaziergang mit Kimba, Scoopy und Rumpel nahm ich eine Abkürzung durch ein kleines Waldstück. Die Hunde liebten diesen Platz, suchten Stöcke, gruben ihre Nasen in die Blätter. Sie liefen, berauscht von all den Gerüchen, die die Wildtiere dort hinterließen, wild hin und her. Ein kleiner Trampelpfad führt dort durch den Wald.

Während ich noch die kalte Luft genoss, erblickte ich plötzlich mitten auf dem Weg einen Mann samt Fahrrad. Alle Alarmglocken schrillten! Ein Mann! Mit einem Fahrrad! Mitten im Wald! Gerade, als ich kehrtmachen wollte, erblickte ich einen Hund, der ebenfalls still neben dem Mann saß, und atmete erleichtert auf. Ach, nur ein Hundehalter! Alles gut! Entwarnung!

Jetzt erkannte ich auch den Mann und leinte meine drei Begleiter wieder ab, die ich vorsorglich festgemacht hatte. Es gab eine kurze Begrüßungsrunde bei den Hunden, während ich dem Mann freundlich »Guten Tag!« wünschte.

Er sprach mich an: »Wissen Sie, dass hier an dieser Stelle im Wald eine wunderbare Energie herrscht?«

Da ich von dieser Aussage komplett überrascht wurde, nickte ich nur wortlos.

»Ich komme oft hierher, weil man hier wundervoll meditieren kann«, fuhr er fort.

»Oh! Entschuldigung! Ich hoffe, wir haben Sie nicht gestört!«

»Nein, ich habe noch nicht angefangen.«

Mein Rudel zog mit mir weiter, wir wollten den Mann samt Hund nicht in der Ruhe stören!

Auf dem Weg nach Hause dachte ich über mehrere Punkte nach. Es wunderte mich, dass ein Mensch, dem ich bisher dreimal im Leben begegnete, so offen mit mir über ein spirituelles Thema sprach. Viele Menschen hätten ihm wahrscheinlich einen Vogel gezeigt, weil er mit einem Fahrrad mitten im Wald stand und meditierte. Ich empfand diese Tatsache als vollkommen schlüssig und nachvollziehbar.

Erst jetzt machte ich mir Gedanken darüber, warum ich gerne genau durch diesen Wald ging. Wahrscheinlich hatten mich die positive Energie schon immer berührt, aber ich nahm sie nicht wahr. Stattdessen verfiel ich in Aktionismus und warf Stöckchen für die Hunde.

Mir fiel wieder ein, dass auch die Hunde in diesem Waldstück immer richtig aufdrehten. Ihre Lebensfreude wurde dann beinahe greifbar. Dumm, wie einfältig ich bisher durch diese Kostbarkeit gewandert war, ohne sie zu wertschätzen.

Seit dem Treffen gehe auch ich achtsamer durch den Wald. Nehme mir Zeit, die Ruhe und Stille zu genießen, diese in mich aufzunehmen und dankbar dafür zu sein, was die Natur uns großzügig schenkt!

Erkenntnisse des Monats:

- In der Stille liegt die Kraft!
- Think big!
- Die Natur ist ein Geschenk!
- Jedem Wesen seine Individualität lassen!

November 2016

Rumpel hatte wieder seine Tage. Die Terrier-Nase klebte am Boden, hektisch rannte er hin und her, vergaß dabei völlig, dass noch ein zweibeiniges Etwas am anderen Ende der Leine hing. Das war ihm vollkommen wurscht. Sogar die Hunde-Wurst, die ich extra für ihn dabeihatte, war ihm wurscht. Essen wurde zweitrangig. Dann musste er nur noch diese wunderbar duftende Hündin finden.

Mitten in den angrenzenden Feldern liegt eine große Hofanlage. Auf dem eingezäunten Grundstück befinden sich mehrere Hunde, die ich jedoch nie draußen sehe. Dementsprechend aggressiv bellen sie uns oft an, wenn ich auf dem parallel verlaufenden Feldweg mit den Hunden vorbeigehe. Ich nehme das Bellen der Hunde nicht mehr wahr.

Aber an einem dieser speziellen Tage konnte Rumpel das provozierende Gebelle nicht kommentarlos erdulden und fetzte quer über den Acker direkt zu dem eingezäunten Gelände. Die vier Hunde hinterm Zaun flippten komplett aus. Sie sprangen in die Höhe, knurrten und bellten vollkommen aufgebracht. Und was tat der kleine Rumpel? Er setzte sich direkt vor den Zaun, anscheinend wissend, dass die aufgebrachte Meute ihm hier nichts anhaben konnte, und beobachtete sie. Hätte man ihm eine Sprechblase über den grauen Terrierkopf zaubern können, lauteten seine Worte ungefähr: *Ne, nenenene! Ihr Blödköppe seid da drin. Hinterm Zaun. Eingesperrt. Und ich renn hier schön draußen rum. Wie ihr euch aufführt! Das ist besser, als jeder Action-Film! Kann mir jemand das Popcorn reichen?*

Meine tobenden Rufe vom Weg aus gingen in dem Gebell der vier Ausrastenden total unter. Mir blieb also nichts anderes übrig, als ebenfalls über den Acker zu stiefeln und mir gedanklich auszumalen, in wie viele kleine Häppchen ich den Terrier gleich zerteilte.

Rumpel nahm mich einmal kurz wahr, als er über die Schulter schaute. Sein Blick sprach Bände: *Beeil dich! Die liefern 'ne super Show ab! Das musst du dir aus der Nähe angucken!* Umso verwirrter stutzte er, als ich ihn packte, anleinte und ungemein unfreundlich von dem Spektakel wegzerrte. Der Terrier wirkte zwar über meine Störung verärgert, aber mit seiner Aktion im Großen und Ganzen sehr zufrieden! Grrr! Terrier: dickköpfig und stur!

*

In dieser *Ich bin der geilste, tollste und überhaupt weltbeherrschende Terrier!*-Phase kam der Australian Shepherd Devito dazu. Vor diesem Zusammentreffen war ich angespannt und arrangierte, dass es im Garten stattfand. Erst gab es ein skeptisches Beschnuppern, dann ein eifriges Pinkeln und Drüberpinkeln, gefolgt von einem Umeinander-Herumschwänzeln. Und ohne, dass ein Auslöser zu erkennen war, griff Devito den Terrier an.

Der quiekte, flitzte davon und verzog sich in eine entfernte Ecke des Gartens. Während Devitos Herrchen seinen Hund maßregelte, schaute ich mir Rumpel an, der zwar verschreckt wirkte, aber keine Blessuren davongetragen hatte. Auf den kleinen Kerl hatten es die Großen aber abgesehen! Irgendetwas in seinem Auftreten reizte die anderen Rüden. Jetzt hatte der Terrier-Stolz zum dritten Mal einen Dämpfer erhalten.

Als sich alle Betroffenen beruhigten, ließen wir die beiden wieder los, hielten sie jedoch aufmerksam im Auge. Es blieb ruhig. Die Lage wurde nicht endgültig geklärt, aber Devito machte keine Anstalten, sich Rumpel noch einmal zu nähern. Der Terrier hielt zwar Abstand, jedoch nicht so demütig, wie es sich für einen Unterlegenen ziemte.

Hm! Ich entschied, erst einmal einen Spaziergang zu machen, um die Kerle zu beschäftigen und auf andere Gedanken zu bringen. Nach dem Anleinen wurde die Stimmung erneut kritisch, und ich musste als Puffer zwischen den beiden Chaoten agieren.

Rumpels Rute hing runter, das war kein gutes Zeichen. Normalerweise trug er sie immer stolz federnd hoch. Jedes Mal, wenn er in Richtung Devito guckte, machte dieser einen Satz nach vorn und wollte dem Terrier an den Kragen. Die Lage blieb angespannt!

Es erforderte vollen Körpereinsatz, um für Disziplin und Ordnung zu sorgen, sodass der Spaziergang nicht die erwartete Beruhigung brachte. Für keinen von uns. Solange ich nicht die erforderliche Ruhe ausstrahlte, gäbe es weiter unangenehmes Knistern in meinem Haus. Also trennte ich drinnen die beiden Hunde und ließ sie nicht mehr aneinander. Hier fehlte mir ein gewisser Grad an Souveränität, Mut und chefmäßigem Auftreten, um die beiden Rivalen noch einmal aufeinander loszulassen. Bei dem Größenunterschied bestand die Gefahr, dass der deutlich kleinere Rumpel ernsthaft verletzt würde.

Entspannung kam erst rein, als ich Rumpel früher als sonst nach Hause zurückbrachte. Sobald die kriselnde Situation gebannt war, konnte ich runterfahren und im gleichen Maß ließ auch Devitos Anspannung nach.

Es gab noch Einiges zu lernen, und wieder einmal dankte ich dafür, dass die meisten Hundebegegnungen friedlich verliefen.

Eine gute Sache hatte die robuste Art von Devito. Er traf auch auf Scoopy, den kleinen Mimi-Spaniel.

Sobald die Leinen anfingen zu rappeln, wurde der Spaniel immer nervös und fiepte in sehr hohen Tönen. Diese Geräusche missfielen auch dem Australian Shepherd. Er rempelte Scoopy kurz, schnappte warnend nach ihm und schon kehrte Ruhe ein. Scoopy biss sich lieber auf die kleine rosa Zunge, als noch einmal so korrigiert zu werden. Danach war die Sache geklärt und Devito ließ Scoopy in Ruhe.

Ich dachte also, dass Rumpel dieses *Okay, ich gebe auf!*-Signal nicht gegeben hatte, und sich deshalb die Lage nicht entspannte.

*

Schon stand der Pressereferent a.D. Herr Karsten vor meiner Tür. Er wollte mich für einen Artikel interviewen, der in der örtlichen Zeitung erscheinen sollte.

Mir wurde etwas mulmig. Was war an meiner Story besonders? Frau gibt Job bei Bank auf und eröffnet stattdessen eine Hundepension. Ob sich die Welt dafür interessiert?

Nachdem alle Hunde den Reporter ausgiebig beschnüffelt und für *In Ordnung* befunden hatten, fing er relativ zügig mit seinen Fragen an: »Warum fiel Ihr Job in der Bank weg?«

»Das Management hatte beschlossen, unsere komplette Abteilung in den Osten zu verlegen. Dort sind Büroräume billiger und die neuen Arbeitskräfte auch, weil sie eine Tochter-Gesellschaft der eigentlichen Firma als Arbeitgeber hätten, was den Vorteil bringt: keine Tarifverträge!«

»Wie lang waren Sie bei der Bank?«

»26 Jahre.«

»Sie hätten auch in einer anderen Abteilung unterkommen können?«

»Das wäre sicherlich gegangen. Viele meiner Kollegen haben sich intern nach Jobs umgeschaut. Aber das kam für mich nicht in Frage. Die Bank schätzte meine Mitarbeit nicht mehr, also wollte ich meine Fähigkeiten an keiner anderen Stelle einbringen. Außerdem befürchtete ich, dass auch andere Abteilungen in den Osten verlegt werden, wenn diese Umstrukturierung erfolgreich verlief. Ich wollte auf jeden Fall verhindern, noch einmal die Auflösungserscheinung einer Abteilung miterleben zu müssen. Glauben Sie mir, das war keine schöne Erfahrung!«

»Warum haben Sie sich dann keinen anderen Job in der Buchhaltung gesucht?«

»Die Beraterin vom Arbeitsamt war guter Dinge und hätte mich relativ schnell in solch einen Job vermitteln können. Aber das wollte ich nicht. Mein Selbstwertgefühl hatte durch den plötzlichen Arbeitsverlust sowie die Aussage *Deinen Job kann jemand anders billiger machen, aber genauso gut!* stark gelitten. Allerdings brauchte ich mir nichts vorzumachen. In welchem Unternehmen würde es anders laufen? In allen Branchen werden Arbeitsplätze abgebaut. Ständig verlieren Menschen ihre Jobs, für die sie sich jahrelang abgerackert haben. Alles nur aus einem Grund – wegen des Geldes!«

»Aber Sie müssen weiterhin Geld verdienen?«

»Ja, ich war *nur* eine Teilzeitkraft. Aber mein Einkommen deckte die Finanzierungsrate unseres Hauses. Zum Glück ist mein Mann Vollzeit beschäftigt, sodass wir in kein finanzielles Loch fallen, selbst wenn ich keinen Cent mit der Hundepension dazuverdiene.«

»Warum eine Hundepension?«

»Das war schon immer mein Traum. Auch wenn ich nie wirklich versucht habe, ihn zu verwirklichen, weil er einfach zu weit weg erschien.«

»Verstehen sich die Hunde alle untereinander?«

»Leider nein! Das ist ähnlich wie bei uns Menschen. Einige sind sich von Anfang an sympathisch, andere brauchen eine gewisse Zeit. Wieder andere können sich gar nicht riechen, das war zum Glück bisher selten. Dann ist mein Einfühlungsvermögen gefragt, damit jeder Vierbeiner seinen Raum erhält, um sich wohlzufühlen. Außerdem ändert sich die Zusammenstellung der Hunde häufig, das macht es schwieriger. Allerdings lernen die Hunde dabei sehr viel. Vor allen Dingen, wieder mit den Artgenossen zu kommunizieren, einen auf den Deckel zu bekommen oder auch sich zu behaupten.

In unserer heutigen Gesellschaft werden Hunde oft vermenschlicht. Sie bekommen eigene Sofas, die Zubereitung ihrer Speisen wird genauer überdacht als das eigene Essen. Die Auswahl an Leinen, Körbchen und Kleidung ist gigantisch. Bei dem ganzen Getue vergisst der Hund seine Wurzeln. Er stammt vom Wolf ab! Der Hund ist ein Raubtier, ein Rudeltier. Er will in einer Gemeinschaft leben. In einem Sozialgefüge. Er will sich auf den Rudelführer verlassen können.«

»Und Sie sind der Rudelführer?«

Ich lachte laut auf. »Das war eine schwere Übung! Ich bin grundsätzlich sozial eingestellt, friedfertig, kann super im Team arbeiten. Ich strebte nie danach, Führungsaufgaben zu übernehmen. Aber für die Hunde musste ich lernen, der Rudelführer zu sein!«

»Sie verfügen über interessante Qualifikationen. Ich habe mich auf Ihrer Homepage kundig gemacht. Hundekommunikation? Hundemassage?«

»Die Hundemassage bei der Volkshochschule war toll! Sieben Zweibeiner mit ihren Hunden und eine Seminarleiterin eingepfercht in einen Klassenraum. Trotz der Enge war es ein tolles Seminar. Nach den drei Stunden schliefen alle Hunde tiefenentspannt. Wieder eine Mittel, um nervöse Hunde zu beruhigen.

Die Hundekommunikation – das ist schon etwas Spezielleres. Das geht in den spirituellen Bereich hinein und ist nicht für Jedermann. Mich hat es tief berührt, allerdings bin ich auch der Meinung, in einem früheren Leben ein

Wolf gewesen zu sein. Darin wurzelt meine tiefe Verbundenheit zu Hunden. Man kann mit ihnen und auch den anderen Tieren kommunizieren, sozusagen in Gedanken. Durch die Übermittlung von Gefühlen oder Bildern. Wenn man es regelmäßig übt, gelingt es einem sogar, richtig mit ihnen sprechen. Nur ohne Worte, von Seele zu Seele.«

Es entstand eine kurze Pause. Herr Karsten blickte mich nachdenklich an und überlegte, wie er fortfahren sollte. »Haben Sie Ihren Schritt bereut?«

»Nein! Auch wenn die Verantwortung groß ist, die Wohnung viel dreckiger ist als vorher und wir ständig auf der Suche nach unseren Schuhen sind. Die schönsten Momente entstehen, wenn die Hunde anfangen, mir zu vertrauen. Mich als Bezugsperson akzeptieren, auch wenn sie mich erst kurze Zeit kennen. Das ist Wertschätzung! Wenn die Besitzer mir sagen, dass die Hunde vor meiner Haustür freudig jaulen. Oder, dass sie selbst ihren Urlaub genießen können, weil sie wissen, dass es ihrem Hund bei mir gut geht. Das ist die Wertschätzung, um die es mir geht! Die wiegt mehr als jeder Euroschein.«

»Was ein schöner Schlusssatz!« Mit einem Lächeln klappte der Pressereferent seinen Notizblock zu und verabschiedete sich.

*

Rumpel hielt mich auf Trab.

Eine Freundin stattete mir spätnachmittags einen Besuch ab, und ich öffnete die Tür.

Rumpel, Scoopy und Kimba warteten im Flur, alles schien unter Kontrolle. Da machte der graue Terrier plötzlich einen Satz nach vorn und rannte raus.

Von links kam ein Mann im Dunkeln auf mich zu. Ich dachte, dass wäre Rumpels Herrchen.

Das dachte Rumpel wohl auch und flitzte dem Mann entgegen. Ich auf Socken hinterher. Aber der war es nicht! Völlig überrascht erstarrte Rumpel und ich auch.

Zum Glück erkannte ich ihn, er war auch Hundehalter, hatte aber den Vierbeiner nicht dabei. Ich rief ihm zu: »Halten Sie den Hund fest!«

Aber der Mann schaute nur überrascht.

Rumpel flitzte weiter. Im Dunkeln. Auf die Straße.

Mein Herz setzte einen Schlag aus, ich hetzte hinterher. Von beiden Seiten kamen Autos, die ich mit ausgestreckten Armen aufhielt und hoffte, dass sie uns nicht über den Haufen fuhren.

Nun half mir der Hundebesitzer und setzte Rumpel ebenfalls hinterher.

Der lief auf die andere Straßenseite.

Als der Mann in seine Nähe kam, schrie ich: »Packen Sie ihn!«

»Ich kann mich nicht bücken!«

Auch das noch! Wie der geölte Blitz verfolgte ich den wendigen Terrier, der sichtlich verwirrt über meine Aufgebrachtheit war. Er konnte wohl nicht deuten, ob ich zürnte, oder sich hier ein tolles *Fang-Mich-Spiel* entwickelte.

Ich schickte ein kurzes Stoßgebet zum Himmel!

Schließlich blieb der Terrier stehen, sodass ich ihn packen konnte. Wie ein Baby trug ich ihn im Arm und immer noch auf Socken – es war November – zurück ins Haus. Mein Herz schlug wie verrückt und die Hände zitterten. Doch die Freude darüber, dass der kleine Kerl unversehrt war, überwog.

Erkenntnisse des Monats:

- Es ist nie zu spät, etwas Neues anzufangen.
- Eine Veränderung kann auch eine Chance bedeuten.
- Es ist ein Geschenk, eine Tätigkeit auszuüben, die wirklich glücklich macht.
- Glück und Zufriedenheit kann man ab einen gewissen Grad durch Geld nicht mehr steigern.
- Das Leben ist ein Paket voller Lernaufgaben.

Dezember 2016

Auch der Dezember verlief sehr ruhig. Da die Zweibeiner in diesem dunklen Monat nicht viele Reisen unternahmen, kam nur gelegentlich ein Hund zu Besuch. Ich nutzte die kurzen Tage, um Hundebücher zu studieren, Hundekekse zu backen und einen Weihnachtsbrief zu entwerfen. Mein Gründungszuschuss war bewilligt worden, sodass ich mit dem ersten Silvesterkracher tatsächlich nicht mehr Angestellte sein werde, sondern eine selbständige Unternehmerin. Dabei kam mir der Schritt gar nicht mehr so gewagt vor, hatte es sich im letzten halben Jahr super entwickelt. Bisher konnte ich 20 Zweibeiner mit ihren Hunden für meine Pension gewinnen.

*

In der Hundeschule wurde ein spezieller Kurs angeboten: Longieren. Zunächst amüsierte ich mich darüber, weil mit diesem Wort sofort ein Bild in meinem Kopf entsteht: Pferde, die in einer Führanlage stupide im Kreis laufen. Wie sollte das für Hunde aussehen? Genauso?

Also erkundigte ich mich bei der Trainerin Andrea, die über meine Schubladen-Vorstellung lachte. »Das denken viele! Es ist aber etwas anderes. Bei unserem Longieren geht es um die Führung des Hundes mittels Körpersprache. Das ist Kommunikationstraining für Hund und Mensch!«

Jetzt war ich elektrisiert: »Das ist genau mein Thema! Hundekommunikation!«

»Genau, nur nicht, wie du es manchmal machst, in Form von Gedankengesprächen, sondern durch den Einsatz deines Körpers. Wie kommunizieren Hunde miteinander?«

»Sie senden Signale mit Ohren, Körperhaltung, Rute, Blick, Geräuschen«

»Richtig! Sie verständigen sich meistens ohne Worte, durch die Körperhaltung. Da wir Zweibeiner diese Signale oft nicht kennen, kommt es zu Missverständnissen in der Kommunikation mit dem Hund.«

»Gib mal ein Beispiel!«

»Ruf Kimba zu dir! Wenn er fast bei dir ist, dann beug dich nach vorn, als ob du ihn loben, streicheln oder ein Leckerli geben möchtest!«

Auf meinen Ruf hin kam Kimba angeflitzt. Als ich mich aber vorbeugte, verlangsamte er das Tempo und blieb in geringer Entfernung vor mir stehen. »Komisch, normalerweise läuft er bis zu mir durch!«

»Durch das Nach-Vorn-Beugen nimmst du den Raum vor dir ein, behauptest ihn für dich. Da dich dein Hund respektiert, wagt er nicht, diesen Raum zu betreten. Er hat deine Körpersprache genau richtig gelesen. Mit Worten hast du zwar *Hier!* gerufen, dein Körper signalisiert aber *Stopp!*

Wenn wir Menschen uns unbewusst zweideutig ausdrücken, weiß der Hund nicht, wie er reagieren soll. Der Zweibeiner wundert sich jedoch, warum sein Hund den einfachen Befehl *Hier!* nicht befolgt. Verstehst du? Wir sagen das eine, drücken aber das andere aus.«

»Okay, jetzt verstehe ich, was du meinst. Wahrscheinlich geben wir Zweibeiner oft verwirrende Befehle für die Hunde, oder?«

»Ja, aber der Hund lernt im Zusammenleben mit den Menschen recht schnell. Er kann uns besser lesen als wir ihn. Meiner Meinung nach sollten wir Hundehalter die Sprache unserer Fellnasen lernen. Da wir nicht die Rute einziehen oder die Ohren anlegen können, sind einige Signale unmöglich. Aber ich kann mich dem Hund zuwenden oder abwenden. Ich kann ihn freundlich angucken oder böse. Ich kann ihn einladen, mit mir zu laufen oder einen gewissen Platz für mich beanspruchen. Distanz schaffen. Dem Hund signalisieren, das geht – das geht nicht! Und das alles, ohne ein einziges Wort zu sagen!«

Meine Begeisterung war entfacht, sofort trug ich mich für den nächsten Longierkurs ein.

*

Da meine Familie beschloss, dass die Weihnachtszeit länger hält, wenn wir den Baum früher aufstellen, stand er bereits einige Tage vor dem Heiligabend fertig geschmückt im Wohnzimmer.

Eine Freundin kam mit zwei Hunden zu Besuch. Den Jüngeren der beiden besaß sie noch nicht lange, er kam zum ersten Mal zu mir. Nach einer stürmischen Begrüßung hatte der aufgedrehte Kerl nichts Besseres zu tun, als mir zweimal in die Wohnung zu pinkeln, davon einmal direkt unter den Baum, auf die bereits eingepackten Geschenke für meine Töchter.

Na toll, der Baum war eingeweiht! Hoffentlich bedeutete das nicht eine Einladung an alle anderen Rüden, ihre Duftmarke darüber zu setzen!

Am nächsten Vormittag kam Poldino zu mir. Ich kehrte gerade mit Kimba vom Spaziergang zurück und stellte mein Fahrrad in die Garage, als der weiße Prinz ins Wohnzimmer stürzte – und unter den Baum pinkelte. Das durfte wohl nicht wahr sein! War es denn zu viel verlangt, dass die Hunde ihr Geschäft draußen verrichteten? Ich unterhielt keine öffentliche Hundetoilette! Statt Räuchermännchen und Plätzchenduft zog bei mir *Sagrotan* und Chlor als neue Weihnachts-Duftnote ein. Als Weihnachtsgeschenk erhielt ich dieses Jahr von meinem Mann: Küchenrolle!

*

Weil eine Kundin kurzfristig absagte, konnte ich einer neuen Interessentin zusagen, die ihren Havaneser Tom über Silvester zu mir bringen wollte. Kurz nach den Feiertagen zog der kleine weiße Kerl ein. Er war frisch geschoren – für diese kalte Jahreszeit sehr ungewöhnlich! Deshalb trug er draußen einen Hunde-Pullover, der bei dem kalten Matschwetter nach kurzer Zeit recht unappetitlich aussah. Auch seine Krallen waren ungewöhnlich lang, sahen eher aus wie die einer außerirdischen Spezies. Kam wohl nicht viel vor die Tür, der kleine Kerl?

Diese Befürchtung drängte sich bereits beim Kennenlernspaziergang auf, als sein Frauchen nach einer Viertelstunde meinte, das reichte. Na Tom, du wirst dich freuen, wenn du lange Spaziergänge mit dem Rudel unternehmen kannst!

Der Havaneser wirkte zu Beginn sehr verängstigt. Es schlief zum allerersten Mal in einer völlig fremden Umgebung. Er jaulte unheimlich viel, kam kaum zur Ruhe und fand einfach keinen Platz, wo er sich hinlegen wollte. Weder sein Kissen noch sein Körbchen waren richtig für ihn. Es wurde eine ziemlich anstrengende Nacht. Ich stand häufig auf, um ihm gut zuzusprechen oder ihn rauszulassen. Er hatte es nämlich nicht versäumt, den Weihnachtsbaum anzupinkeln – und den Schrank – und den Stuhl – und das Spielzeug von Aischa, die ebenfalls Urlaub bei mir machte.

Widerlich! Als ob das nicht genug wäre, legte Tom mir auch noch einen schönen Haufen ins Wohnzimmer. Jeden Abend. Dabei gingen wir wirklich oft raus. Ich interpretierte die Pinkelei als Unsicherheit und Druck ablassen, was die Sache allerdings nicht besser machte. Die Küchenrolle sowie die Sagrotanflasche Ausfertigung XXL standen jederzeit einsatzbereit auf dem Esszimmertisch.

An Toms zweitem Tag nahm ich mir viel Zeit, um ihn an uns zu gewöhnen. Als ich mit ihm auf den Speicher ging, mich auf den Reiki-Entspannungs-Sack legte und beruhigende Musik einschaltete, schaffte ich es tatsächlich! Er legte sich neben mich und schlief ein. Juhu! Die kommende Nacht wurde viel besser und Tom fand in den Schlaf. Wachte jedoch irgendwann auf, um sein großes Geschäft unter den Weihnachtsbaum zu legen.

*

Silvester. Zu Aischa und Tom kam noch Paula. Aischa, Kimbas braune Labrador Zwillingsschwester, und die sanftmütige Paula sind sozusagen Nachbarinnen. Sie spielten viel miteinander, tobten wild durchs Wohnzimmer, doch der Baum blieb verschont. Alles lief sozial und freundlich. Es war eine Freude, ihnen zuzusehen!

Tom verlor auf einmal seine Zurückhaltung, entpuppte sich als extrem triebgesteuert und hing die ganze Zeit an Paulas Po. So deutlich, wie sie damals Rumpel abgewehrt hatte, zeigte sie ihre Abneigung dieses Mal jedoch nicht. Ihr leises »Wuff!« bedeutete für Tom nichts. Zu seiner Sensibilität kam noch Hartnäckigkeit dazu. Es ging an die Nerven! Er fiepte, jaulte und bedrängte Paula permanent.

Als die mich immer hilfesuchender anblickte, musste ich die Situation für sie regeln und Tom in seine Grenzen weisen, ihn von Paula abdrängen.

Das verstand er für ungefähr drei Sekunden, dann vergaß er es wieder. Ob er Grenzen kannte? Er zeigte Anzeichen von Unterwerfung, indem er eine Vorderpfote anhob oder sich über die Nase leckte, aber er änderte sein Verhalten nicht.

Meine Versuche, ihn durch meine Präsenz zu beeindrucken, wie ich es bei *Maja Nowak* in diversen *Youtube* Videos zum Thema Hundekommunikation gesehen hatte, funktionierte nicht. Auch das will gelernt sein! Ich wurde immer genervter, Paula und Tom auch, ebenso meine gesamte Familie. Eine einmalige Silvesterparty voller Gemecker – und ohne Böller! Aus Rücksicht auf die Hunde weigerte ich mich zum ersten Mal, Geld für Knaller auszugeben. Stattdessen verschloss ich mich mit den vier Fellnasen im Wohnzimmer, stellte die Musik auf volle Lautstärke und tanzte mit den Hunden. Das wurde eine tolle halbe Stunde, bevor eine absolute Horrornacht startete.

Nina und mein Mann mussten sich mehrere Male übergeben. Die Hunde schliefen extrem unruhig. Wieder kackte und pinkelte ein Vierbeiner in mein Wohnzimmer – wahrscheinlich Tom. Da Labradore größere Haufen produzierten, war der Übeltäter eindeutig zuzuordnen.

*

Kurzum, ich hatte den Papp auf! Am Neujahrsmorgen saß ich vollkommen verkatert, ohne einen Tropfen Alkohol getrunken zu haben, über meinem Guten-Morgen-Kaffee und haderte mit meiner Entscheidung. Was tat ich hier bloß? Ich betreute für einen Tagespreis von dreißig Euro oft zu wenig erzogene Hunde. Vielen Vierbeinern fiel es schwer, meine Grenzen zu akzeptieren. Dafür verdreckten sie meine Wohnung. Ich lief dreimal am Tag die ziemlich gleiche Runde. Falsch – ich lief nicht, ich wurde gezogen!

Genau in dem Moment ploppte auf meinem Laptop eine E-Mail vom Arbeitsamt auf. Ein Stellengesuch. Teilzeit. Arbeitgeber: der Kreis Viersen. Abteilung für Kindergeld. In Krefeld. Ich könnte mich bewerben! Wenn das kein Zeichen war!

*

Ich suchte alle geforderten Unterlagen zusammen, schrieb zum ersten Mal seit 25 Jahren einen Lebenslauf und verfasste ein überzeugendes Anschreiben. Die Möglichkeit, ganz in Ruhe in einem gemütlichen, sauberen Büro zu sitzen und ein festes Einkommen zu beziehen, erschien auf einmal sehr verlockend! Besonders die Häufung der letzten negativen Erlebnisse hatten mich an den Rand der Belastbarkeit gebracht!

Das, was kein Gewerbeamt, Bauamt, Veterinäramt, Patentamt zu vollbringen vermochte, das sollte das Arbeitsamt schaffen? Mich von meinem bedingungslosen Vorhaben abbringen? Musste da nur ein Wunsch-nach-Sicherheit-Knopf gedrückt werden und ich schmiss alles hin? Hatte ich Angst vor der Courage, mit all diesen fremden Hunden umgehen zu können?

Mein rechter Zeigefinger schwebte über dem Senden-Button. Im Film setzte jetzt dramatische Musik ein, die immer lauter werden würde. Trommelwirbel, der auf einmal verstummte! Pause!

Auf einmal spürte ich eine nasse Hundenase an meiner linken Hand. Kimba legte seinen samtbraunen Kopf auf mein Knie und sah mich aus karamellfarbenen Augen an. Mit einem kurzen Grummeln bekundete er seinen Unmut über meine Gedanken. Ganz leicht wedelte sein Schwanz hin und her. Er strahlte eine fast greifbare Ruhe und Zuversicht aus, die auf mich übersprang. Jetzt erhielt ich eine Reiki-Einheit, um meine geleerten Reserven wieder aufzufüllen!

All die Last der letzten Tage fiel von den Schultern, als ich die Wärme genoss, die Kimbas Kopf auf meinem Bein auslöste. Sie breitete sich aus, durchströmte den Körper bis in jede Zelle. Ganz langsam löste sich der aus Wut entstandene Knubbel in meinem Bauch.

Ich war nicht allein, musste mich diesen schwierigen Aufgaben nicht als Einzelkämpfer stellen. Ein absolut treuer, zuverlässiger und geduldiger Partner stand an meiner Seite. Immer bereit, die schwierigen Zeiten mit mir zusammen durchzustehen.

Die Bewerbung wurde gelöscht, der Laptop geschlossen. Im Radio lief: *Time to wonder* von *Fury in the Slaughterhouse.*

Richtig! Dies war nicht die Zeit für Fragen, Tränen oder Gedanken. Jetzt kam die Zeit der Liebe, der Dankbarkeit. Lebe im Jetzt!

Erkenntnisse des Monats:

- Folge deinem Herzen!
- Man muss sich nicht allen Aufgaben allein stellen!
- Kimba, der starke Partner an meiner Seite.
- Schwäche zugeben ist ein Zeichen von Stärke.
- Auch wenn man immer sein Bestes gibt, kann man nicht in Allem perfekt sein.

Nachwort

Was wäre mir alles entgangen, wenn ich mich gegen den Schritt in die Selbständigkeit entschieden hätte?

Viele schöne Kuschelstunden mit Aischa und Kimba auf der Couch. Die Reiki-Einheit mit Duncan auf dem Speicher. Das wohlige Schmatzen von Theo. Der jugendliche Überschwang von Diego. Rumpels Grunzen, wenn er den Rücken im Gras schubberte. Der skeptische Blick von Moet. Das lächelnde Hecheln von Pelle beim Toben. Poldis weiße Pfote, die mich anstupste, sobald ich aufhörte, ihn zu streicheln. Die hohen Fieptöne von Scoopy beim Bürsten des seidigen Fells. Der souveräne Oskar, der mein Rudel auf dem rechten Weg hielt. Das Brummeln von Fides, wenn er mir morgens erzählte, was er geträumt hatte. Die zurückhaltende Art von Paula, wenn sie Schutz zwischen meinen Knien suchte. Der anhimmelnde Blick von Emmi, bei dem ich immer dahinschmolz. Die lustigen Hüpfer von Mio, wenn er auf den Ball wartete. Die athletische Eleganz von Stella. Der tapferste Opa-Hund Lucky, der mittlerweile leider verstorben ist. Die Geschichte mit Raschid auf der Treppe. Izzys und Chillis nasse Nasen in meinem Gesicht. Spike und seine glasklare Kommunikation mit den anderen Fellnasen. Der actiongeladene Merlin, der stundenlang hinter Ball oder Frisbee herlaufen konnte. Der bildschöne Devito, bei dem ich meine nonverbale Kommunikation üben konnte. Wendy, das Powerpaket, die Zerrspiele so liebt.

Bei all meiner Hingabe zu den Vierbeinern darf ich die Zweibeiner nicht vergessen! Die vielen neuen Bekanntschaften, die mir ins Haus schneiten. Genau wie ich sind die Halter in ihre Fellnasen vernarrt. Dabei weisen sie recht ähnliche und wertvolle Charaktereigenschaften auf: Großzügigkeit, Respekt gegenüber Menschen, Tieren sowie der Natur, Friedfertigkeit, Flexibilität. Sie stellen ihr Ego zurück, nehmen Einschränkungen in Kauf, um ihrem Hund ein schönes Leben zu ermöglichen!

Was habe ich im letzten Jahr von euch geschenkt bekommen? Räuchermännchen, Gurken, selbstgezüchtete Zinnien, Sekt, Malutensilien für die Kinder, Öl aus Griechenland, Äpfel, Birnen, Pflaumen, Kuchen, Marmelade, Honig, Pralinen, Süßigkeiten, Tomaten, Autogrammkarte und Life-Mitschnitt von *Soltatio Mortis*, alles für den Hund: Decken, Leckerlis, Literatur, Spielzeug, Leinen, Bürsten, Näpfe.

Aber das größte Geschenk ist das Vertrauen, das ihr mir aussprecht, wenn ihr mir eure geliebten Fellnasen überlasst. Ich danke euch!

Danksagung

Ich danke meiner Familie, die mich in den letzten Monaten wenig zu Gesicht bekam, weil ich mit den Hunden spazieren ging oder mit rauchendem Kopf in die Tastatur hackte.

Ein großes Dankeschön geht an meine Testleser und Korrektoren, deren wertvolle Kommentare mein Buch bereicherten und formten.

Anke Zorzetto, die nicht nur meine Ehe bezeugte, sondern nun auch meinem Erstlingswerk auf die Beine half.

A. E. Eiserlo, meine liebe Freundin, die sich endlich dafür revanchieren durfte, dass ich drei ihrer Romane sowie zwei kürzere Werke kritisch lektoriert hatte. Danke, dass du gnädig mit mir warst. Über deine häufigen Smileys habe ich mich besonders gefreut.

Sandra Foltin, meine Autorenkollegin aus der Schreibgruppe-Prosa und selber Besitzerin der Neufundländer-Dame Paula. Deine ersten Kritiken: *Mehr Bilder! Mehr Dialoge!*, haben meinem Werk die Lebendigkeit eingehaucht.

Angela Heger-Bischof, meine Autorenkollegin aus der Schreibgruppe-Prosa, Besitzerin einer Collie-Dame. Deine scharfen Augen bewahrten mein Buch vor einer Überschwemmung mit *waritis* und *hattitis*.

Rosemarie Kleinjohann, Frauchen von Fides, die ein sehr strenges Auge auf meine Komma-Setzung warf.

Silke Novotny, ehemalige Grundschullehrerin meiner Kinder und meine Reiki-Meisterin, der ich viele neue Blickwinkel auf das Leben zu verdanken habe.

Bernd Sommer, meinen logisch denkender und in sich ruhender Ehemann. Nach einem anfangs vernichtenden Urteil: *Du schreibst wie ein Kindergartenkind*, dem beinahe die

Scheidung folgte, fandest auch du immer mehr Spaß an meiner (unserer) Geschichte.

Meine Eltern, deren Lob mich besonders begeisterte: *Das kannst du drucken! Das ist super!*

Ein großes Dankeschön geht an die Facebook Schreibgruppe-Prosa, in der ich seit Herbst 2016 Mitglied bin. Unter der Leitung von Bernd Daschek. konnte ich mein Wissen im Bereich Lektorat sowie das Textverständnis fürs Schreiben deutlich verbessern!

Dogilli